KB058912

딸아,
당당하고
지혜롭게
살아라

딸아, 당당하고 지혜롭게 살아라

안병수 지음

바이북스
ByBooks

딸을 위한 아빠의 용기

안병수 저자는 책을 쓰기로 마음먹은 지 10년이 지났다고 한다. 10년 만에 마음먹은 바를 실천했다. 그래서일까. 저자의 책은 어쩌면 10년간 마음속으로 써내려온 글이라는 생각마저 든다. 글쓰기는 하루아침에 이루어지지 않는 일이므로 더욱 그렇다.

글을 쓰는 일은 용기도 필요하다. 그것도 딸들을 위해 글을 쓴다는 것은 더 말할 나위 없다. 자녀를 위한 사랑을 실천하는 일이기 때문이다. 사랑의 실천에는 용기가 뒤따른다. 두 딸을 위해 쓴 내용이지만, 내가 보기엔 이 세상의 모든 딸들이 읽어 보았으면 좋겠다.

저자는 자신의 삶보다도 자식들의 앞날이 더 걱정스럽다 한다. 나 역시 자녀를 둔 아빠로서 공감이 간다. 저자가 정성스럽게 빚어낸 글들은 아빠가 세상을 살아온 길을 통해 딸들에게 세상을 살아갈 길을 안내해주는 안내서다. 그래서 적잖은 울림을 준다. 아빠가 걸어온 길은 일직선도 아니고 평지만도 아니었다. 때로는 비탈길이었으며, 때로는 꼬부랑길이었다. 가끔은 그 길에 눈보라가 쳤으며, 가끔은 앞이 잘 보이지 않을 만큼 캄캄하기도 했다.

아니, 심지어는 위태로운 하늘길이기도 했다. 저자는 헬기 조종사이므로 공중곡예사처럼 지금껏 하늘길을 살아온 셈이다. 여하튼 저자는 미리 감지했을 것이다. 딸들은 살아가면서 비탈길도, 꼬부랑길도, 눈보라 치는 길도, 캄캄한 길도 만나리라는 것을. 그 예감이 이 책을 세상에 태어나게 했을 것이다.

하지만 걱정 안 해도 될 듯하다. 아빠를 닮은 두 딸은 아빠 못지않게 용감한 모습으로 세상을 헤쳐 나갈 것이기 때문이다. 적어도 아빠가 쓴 책을 두 딸이 처음부터 끝까지 찬찬히 읽어본다면 용기가 솟을 테니 말이다.

김요한(함께공동체 목사)

자식은 나의 거울

코로나가 한창 기승을 부리던 금년 봄의 어느 날이었습니다. 주일 예배 참석도 어려운데 고구마나 심으러 가자는 안 작가님의 말에 아무 생각 없이 따라 나섰던 길이었습니다. 교회 대신 교외로 가는 차 안에서 자연스레 노후의 삶에 대해 얘기를 나누게 되었습니다. 그 대화 중에 딸들에게 줄 유산 얘기를 하셔서 '이분은 재정적으로 많은 준비를 해오신 분이구나'라는 생각을 하면서 묵묵히 이야기를 들었습니다.

그런데 그 유산이라는 것이 딸들에게 아버지로서 하고 싶은 이야기들을 정리해서 책으로 묶어 주겠다는 것이었습니다. 내심 놀랐습니다. 더 놀라운 것은 책에 대한 추천사를 써달라는 부탁이었습니다.

제가 안병수 작가와 교제한 시간은 그리 길지 않습니다. 그래도 가까이에서 지켜본 바로는 지치지 않는 열정으로 삶을 치열하게 사시는, 제가 아는 몇 안 되는 분 중 한 분이십니다. 그 바쁘신 와중에 어떻게 책을 썼는지, 그저 신기하고 놀라울 따름입니다.

자식을 낳는 것은 마음대로 할 수 있지만 기르는 것은 마음대로

할 수 없는 듯합니다. 또한 세상이 많이 바뀌어서 부모와 자식 간에
도 소통이 문제가 되고 있는 현실입니다. 이러한 때에 인생길을 가
는 자녀들에게 내비게이션처럼 길을 안내하는 책을, 필요한 시기에
꼭 필요한 조언을 해주고 싶은 마음이 오롯이 담긴 책을 출간하십
니다.

누군가는 말합니다.

"조언은 무슨? 사는 모습으로 그냥 가르치고, 자식들은 배우는
거지."

물론 그것도 나쁜 방법은 아닙니다. 또한 단 한마디로 압축되는
시어(詩語)처럼 상징적으로 메시지를 전하는 방법도 있을 것입니다.
하지만 한 줄 한 줄 늘어나는 잔소리 같은 이야기들을 책으로 엮는
것도 좋은 방법입니다. 그 책에는 하나라도 더 알려주고 싶은 아빠
의 마음이 켜켜이 쌓여 있을 테니까요.

아마도 안 작가님의 딸들은 아빠의 잔소리를 그저 잔소리로만
듣고 흘려버리지 않을 것입니다. 한 줄 한 줄 글에 스며 있는 아빠

의 마음을 분명히 읽어낼 테니까요. 훗날 그 사랑의 잔소리들은 아버지에 대한 아련한 속삭임으로, 아쉬운 추억으로 남을 것입니다.

작가님, 안 집사님의 책 출간을 축하드립니다. 다만, 평소 안 집사님의 언행으로 미루어 짐작해볼 때 책 내용이 '신명심보감'류가 될까 살짝 걱정되기도 했습니다만 괜한 노파심이었습니다. 오히려 자식을 키우는 부모라는 공통된 입장에서 많이 공감했습니다.

또한 솔직히 부럽기까지 합니다. 책 쓰기에 너무나도 게으른 저로서는 엄두가 안 나는 일입니다. 대신 아직 품 안에 있는 막내에게만이라도 귀에 딱지가 앉도록 잔소리라도 해볼까 합니다.

"지혜로운 아들은 자기 아버지가 타이르는 말을
주의 깊게 듣지만 거만한 자는 꾸지람을 들으려
하지 않는다."(잠언 13:1)

이도열(홍대가까운교회 집사)

8

책을 쓰기로 마음먹은 지 10년이 지났다. 내 나이 벌써 지천명(知天命)을 넘겼다. 세상에 무엇인가를 남길 나이로는 아직 미흡하다고 생각했다. 그렇지만 세상을 살아오면서 이제 뭔가 조금은 알 것 같은 나이라는 생각도 들었다. 그래서 용기를 내어 글쓰기를 시작했다.

'앞으로 어떻게 살아가야 할 것인가?'

내 삶을 돌아보며 이에 대한 답을 찾고 싶었다. 답을 찾으며 생각을 정리하고 싶었다.

남은 생은 망망한 삶의 바다 위에서 조금은 덜 흔들리고, 후회와 아쉬움도 조금은 덜 느끼고, 좀 더 제대로 살아가고 싶다. 50년을 살아냈지만 남은 인생은 결코 짧지 않다. 앞으로 얼마가 될지는 모르지만 부끄럽지 않게, 의미 있게 살고 싶다.

사람들의 인생살이는 거기서 거기, 별반 다를 것 없다. 결혼생활에 대한 고민, 행복하게 잘 살고 싶은 마음, 돈과 물질에 대한 욕심, 건강에 대한 염려, 부모님에 대한 걱정, 자녀들에 대한 걱정, 직장생활 속에서 겪는 다양한 어려움 등이 모든 이의 삶에 얽혀 있다. 시기와 크기에 대한 차이가 있을 뿐이다. 누구나 저마다의 무게를 지고 감당하며 살아가고 있는 것이다. 나 역시 마찬가지다.

새로운 삶의 무게가 더해졌다. 자식이다. 이제는 나의 삶보다도 자식들의 앞날이 더 걱정스럽다. 무럭무럭 자라난 두 딸은 곧 직장생활을 앞두고 있다. 딸들이 직장생활에서 보람을 느끼며 더 행복하게 잘 살아주었으면 좋겠다. 아빠가 30년 가까이 경험하여 체득한 것들이 딸들의 행복에 어떤 식으로든 도움이 되기를 바란다.

아빠로서 자녀들이 세상을 살아가는 데 조금의 도움이라도 주고 싶었다. 나의 삶도 보여주고 생각도 보여주며 살아왔지만, 그들의 미래를 그려보면서 더 행복하게, 더 지혜롭게 잘 살아갈 수 있도록 하는 마음에서 이런저런 것들을 깊이 고민해보았다.

자녀들과 언제까지나 같이할 수는 없다. 같이 갈 수도 없다. 그래서 잔소리를 싫어하는 딸들에게 부모로서, 아빠로서 잔소리를 책으로 전하는 욕심을 내어보는 것이 좋겠다고 판단했다. 그 판단 아래 '부모의 유산'과 '아빠의 사랑'이라는 주제를 늘 곁에 두고 살았다. 그리고 마침내 세상을 살아가는 동안 삶의 '안내자', '동반자'가 되었으면 하는 마음이 담긴 책을 딸들 앞에 내놓았다.

책의 내용은 부실하다. 그래도 딸들의 안내자로서, 동반자로서 일말의 역할이라도 하기를 기대한다. 더 자세히 알고 싶은 것과 부족하다고 느끼는 부분이 많을 것이다. 그럴 때면 관련 서적도 찾아보고, 전문가와 조언자를 찾아 도움을 청하면서 스스로 생각을 정리해 나가기를 바란다. 지혜를 쌓아가며 행복에 다가가기를 바란다. 나의 사랑하는 두 딸은 그렇게 살 것이라 믿는다.

세상살이에 지치고 힘들 때면 언제든지 엄마와 아빠를 찾아왔으면 한다. 넉넉하고 따뜻한 둥지가 되어줄 것을 약속한다. 아빠와 엄마는 언제나 우리 딸들을 사랑한다. 누구보다 열심히, 행복하게 잘 살아갈 것으로 믿는다.

목차

Chapter 1

삶을 돌아보고, 나아가다

Chapter 2

딸에게, 지혜와 행복을 응원하며

Chapter 3

딸, 당당한 사회인으로 살아가기를

사랑하는 딸 채린과 민채에게

아버지가 삶을 통해 얻은 작은 지혜를 남긴다.

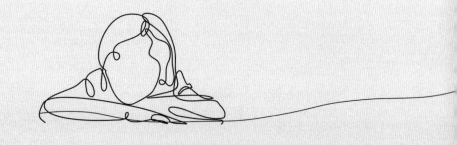

Chapter 1

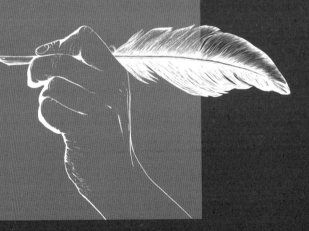

삶을
돌아보고,
나아가다

사랑하면서,
사랑받으면서
살고 싶다

1994년 아내를 만나고 4년의 연애 후 결혼했다. 벌써 26년을 함께했다.

세상은 흔히 '결혼은 미친 짓'이라고도 한다. 신세대들은 "사랑하는 사람과 결혼하는 사람은 다르다"라는 말도 대수롭지 않게 한다. 이혼율도 갈수록 증가하고 있단다. 경제적인 이유, 성격 차이, 가족 간의 갈등, 상호 불신 등 이혼의 이유는 참 여러 가지이다. 이런 다양한 현상을 볼 때 결혼이 맞는 것인지, 이혼 또는 비혼이 맞는 것인지 결론 내리기 어렵다. 혼란스럽기까지 하다.

헤겔은 "사랑은 같이 있으면 행복, 헤어지면 불행"이라고 말했다. 혼란스러운 나는 적어도 헤겔의 이 말만큼은 적극 동감한다. 연애 시절 지금의 아내와 계속 같이 있고 싶어 했다. 그리고 결혼했다. 어쩌면 '절대 소유'를 바랐는지도 모른다고 생각된다. 내가 사랑하는 그녀의 웃음, 말, 성격, 손, 입술까지 소유권을 확실히 확보하고 싶었다.

지금도 그 사람과 사랑하고, 사랑받고 살고 있다. 늘 좋다. 영원히 사랑하고, 사랑받고 살고 싶다.

돌아보면, 남편으로서 늘 최선의 사랑을 하지는 못했다. 연애 시절에는 사랑은 내일을 기약할 수 없다는 생각에 모든 순간순간을 소중하게 여겼다. 절박하기도 했다. 그러나 결혼 후에는 '절대 소유'를 했다는 생각에, 내일이 확실하다는 믿음 때문에 사랑에 소홀하기도 했다. 자녀가 생긴 뒤에는 자녀를 핑계로 아내와 같이하는 순간순간을 평범한 일상으로 가벼이 지냈다. 아끼면서 보내지 못했다.

일을 이유로 아내를 혼자 둔 적도 있었다. 9년 전이었다. 강원도 양양으로 발령이 나는 바람에 집에서 멀리 떨어진 곳에서 근무해야만 했다. 여러 가지 문제로 가족이 함께 갈 수 없었다. 근무하는 동안에는 너무나 바쁜 직위에 있어서 휴가나 출타가 어려워 집에 오기가 어려웠다. 아내 홀로 대전에서 직장생활과 어려운 살림살이를 병행해야 했다. 더구나 힘든 사춘기 터널을 지나고 있는 딸들 뒷바라지까지 짊어져야 했다. 평생 미안하고, 또 고마운 일이다.

아무리 생각해봐도 아내는 참 소중한 사람이고, 아내와 함께한 삶은 참 소중한 시간들이다. 행복을 가벼이 그냥 흘려보내기엔 너무 아까웠다. 그래서 생각을 좀 바꾸어보았다. 가능한 한 아내에게 많은 자유를 누리게 해주고 싶다는 생각을 했다. 소유하지 말고, 독립적인 존재가 되도록 하는 것이 중요하다는 깨달음을 얻었다. 깨달음은 실천에 옮기지 않으면 무용지물이 되는 법. 그리하여 우선 친구와의 여행, 친정으로의 휴가를 주었다. 주방과 가사에서 탈출시켜주려고 노력했다. 아내가 하나하나 자유 시간과 자기 공간을 갖도록 가정을 변화시켜 나갔다.

그러자 시너지 효과가 나타났다. 아내의 개인적인 시간과 공간이 확대되고 더 자유로워질수록, 나는 딸들과 내 가정의 소중함을 더 깊이 느끼게 되었고, 감사하게 되었다. 자유를 누림으로 행복해진 아내는 오히려 더 가정에 애정을 쏟았다. 자유가 가정을 향한 사랑을 불러온 것이다. 이와 같이 긍정적인 현상들이 생겨나며 우리 가정은 한결 더 밝아질 수 있었다.

사람은 사랑하고 사랑을 받으며 그렇게 살아야 한다. 부부라면 더욱 사랑이 요구된다. 부부끼리의 사랑은 서로에게 자유를 주고, 독립적 존재가 되도록 세워주고, 독립적 생활을 보장해주는 것에서 시작되고, 또 완성되는 듯하다. 사람에 따라 여러 견해가 있을 수 있지만, 이렇게 사랑해야 부부가 같이 있어도, 오래되어도 계속 행복할 수 있다. 이것만큼은 확신한다.

그러므로 나는 오늘도 서로에게 자유를 주는 결혼생활이 되도록 고민하고, 노력한다.

그렇다면 남편의 입장에서 아내를 사랑하고, 또 사랑받는 방법은 무엇일까. 아무래도 사랑에 관한 한 남자들이 여자들에 비해 서툰 것이 사실이다. 그래서 서툰 남자들을 위해 나름의 노하우를 소개하고자 한다.

첫째, **사랑하는 티를 내자.** 이것은 정말 손쉬운 사랑법이다. 사랑하니까 사랑한다고 표현하면 그만인 것이다. 어려울 것 하나도 없다. 이렇게 사랑하면, 아내는 반드시 그 사랑을 되돌려준다. 사랑하는 티를 내는 구체적인 방법은 간단하다. 사랑한다고 말하는 것이다. 이는 가장 단순하면서도 확실한 방법이다. "사랑해." 한마디는 아내의 가슴에 따스한 둥지를 만든다. 남자로서 말하기가 영 쑥스럽다면 핸드폰 배경 화면이나 카톡 프로필 사진에 아내의 사진을 걸어두는 것을 대안으로 제시한다. 그런 뒤 아내에게, 아내와 관계된 사람에게 그 사진을 자연스럽게 노출시키자. 물론 남들이 부러워할 만큼 티를 내면 더더욱 좋다.

둘째, **자주 연락하자.** 전화를 하든, 카톡을 하든, 문자를 하든 아내에게 연락을 자주하면 귀찮다는 타박보다 이익(?)을 볼 경우가 더 많다. 물론 자주 연락을 하면 아내가 피곤해할 수도 있으니 횟수는 개인에 따라 조절할 필요는 있다. 연락을 할 때는 역시 '사랑해'라는 표현을 넣어주는 것이 센스! 가볍게 안부를 전하는 연락도 괜찮다.

셋째, **집안일을 적극적으로 하자.** 설거지, 청소, 쓰레기 분리수거 등 집안일에 열심을 내자. 이를 싫어하는 아내는 아마도 세상에 없을 것이다. 수동적으로 하지 말고, 능동적으로 스스로 하자. 그러면 간혹 실수를 하더라도 아내는 너그럽게 이해해줄 것이다.

넷째, **주말이나 공휴일에는 야외로 나가자.** 살림에 지친 아내를 위해 콧바람이라도 쐬어준다면 아내의 기분은 한결 나아질 것이다. 거창한 여행이 아니어도 괜찮다. 분위기 좋은 카페, 맛집 정도만 다녀와도 아내의 삶의 질은 높아진다.

다섯째, **가끔 선물을 하자.** 기념일 선물을 챙기는 것은 지극히 당연하다. 가끔 뜬금없이 자그마한 선물을 아내에게 안겨주자. 삶의 활력소가 될 것이다. 꽃 한 송이 정도면 충분하다. 꽃다발을 샀다가는 헛돈을 썼다며 지청구를 들을 수도 있으니 조심할 것.

여섯째, **아내를 자주 안아주자.** 개인적으로 호불호가 갈릴 수도 있지만, 꼭 한번 시도해봄직하다. 요란하게 꽉 부둥켜안을 필요는 없다. 아늑한 포옹이 더 효과적이다.

일곱째, **적극적인 공감을 하자.** 리액션을 적절히 하면서 아내의 이야기를 잘 들어 주면 식탁의 반찬부터가 달라질 것이다.

여덟째, **일상을 공유하자.** 하루 일과, 자녀 문제, 가정 문제, 직장 문제 등 크고 작은 문제들을 솔직하게 꺼내놓고 아내와 대화를 해보자. 자신을 믿고 인정한다는 생각에 아내는 자존감이 높아질 것이다. 높아진 아내의 자존감은 가정 안에 행복을 만든다.

아홉째, **아내의 편을 들자.** 정말 중요한 항목이다. 특히 시댁 식구들 앞에서는 일단 아내의 편에 서자. 다른 가족들에게는 이후 양해를 구하면 된다.

아내에게 사랑받는 법

● **좋아하는 티를 낸다.**

핸드폰 배경화면, 카톡, 프로필 사진 등에 아내의 사진을 걸어두고 남이 부러워할 만큼 티를 냅니다.

● **자주 연락을 한다.**

짬짬이 카톡이나 문자로 사랑한다고 하고, 바쁘더라도 어디에 있는지, 어떤 사정인지 연락을 잘합니다.

● **집안일을 챙겨서 한다.**

설거지와 청소, 분리수거 등 집안일을 자주 챙겨서 합니다.

● **주말과 공휴일은 야외로 나간다.**

아내를 위해 여행지, 맛집, 분위기좋은 카페를 기억해두었다가 찾아갑니다.

● **가끔 선물을 한다.**

기념일을 챙기고, 가끔 뜻밖의 꽃이나 선물을 준비합니다.

● **거짓말을 하지 않고 진실을 말한다.**

아내와 일상을 이야기하고 공유합니다.

● **적극적인 공감을 한다.**

아내의 말을 잘 들어주고, 리액션과 적극적인 공감을 표합니다.

● **아내를 자주 안아준다.**

퇴근할 땐 아내를 꼭 안아주고, 수시로 애정표현을 합니다.

● **아내의 편을 든다.**

자녀들을 훈계할 때, 시댁이나 친정 문제로 갈등이 있더라도 우선 아내의 편에 서고, 나중에 가족들의 이해를 구합니다.

● **수시로 사랑을 표현한다.**

외모와 옷차림을 칭찬하고, 수시로 "미안해, 고마워, 사랑해"라고 합니다.

나를 행복하게
만드는 현재

'나는 현재를 살아가고 있나?'

이따금 이런 생각을 하며 나 자신을 돌아본다.

어제는 역사(history), 내일은 미스터리(mystery), 오늘(현재)은 선물(present)이라고 한다. 그런데 지금의 나는 그 '선물'을 즐기지 못하는 느낌이다.

'과거의 실패나 시련, 고민, 갈등으로 상심하거나 걱정하고 있지는 않은가?'

'미래에 대한 막연한 걱정과 두려움으로 위축되거나 고심하고 있지는 않은가?'

'과거의 그림자에, 미래의 기우(杞憂)에 얽매여 시간을 소모하고 있지는 않은가?'

이러한 질문들에 현재를 낭비하고 있기 때문이다. 현재가 빠진 질문들이다.

언젠가 가족들과 좋은 곳에 휴가를 떠났었다. 그런데 그곳에서 직장에서의 일들이 문득문득 떠올랐다. 한 번 떠오르면 머리에서 잘 떠나지 않았다. 이건 아니다 싶었다. 휴가를 와서까지 일 생각에 빠지는 것은 가족들과 그 귀한 시간인 현재를 그냥 날려버리는 것이라는 생각이 들었다.

지난날, 회복 불가능한 인간관계에 매달려 스트레스를 받은 적도 있었다. 한참 뒤에 깨달은 사실이지만 참 무의미한 일이었다. 그 스트레스로 인해 나의 현재를 망가뜨렸기 때문이다.

현재를 잘 살려면 과거나 미래보다 현재에 집중해야 한다. 현재에 집중하는 것은 자기 마음의 주인이 되는 일이다. 마음의 주인이 되면 현재를 충실하게 살아갈 수 있다.

과거에 집착한다 해서 과거를 되돌릴 수 없고, 미래를 걱정한다 해서 원하는 결과를 얻기도 어렵다. 특히 미래는 너무 걱정할 것이 못 된다. 불안과 근심만 자라나기 마련이다. 천만 가지를 걱정해도 실제 일어나는 일은 거의 없다는 것을 우리는 잘 알고 있다. 때로는 결과를 '걱정'하지 말고 그냥 시도해보는 것도 괜찮다. 결과를 경험하며 물 흐르듯 지나가 보는 것도 좋은 약이 될 수 있다.

아무리 노력해도 미래에 대한 걱정을 떨쳐내기 어렵다면, 사소한 것으로 관심을 돌려보자. '나는 호흡을 잘하고 있나?', '걸음걸이는 괜찮은가?', '지금 먹고 있는 이 음식은 무슨 맛이지?' 등 평소 무심히 여겼던 것들에 관심을 기울여보자. 의외로 큰 걱정들을 은근히 밀어낼 수 있다.

혹시 자신이 평정을 잃고 살아가고 있다고 생각될 때가 있는가? 그렇다면 멀리 떨어져서 거울을 비춰 보듯이 '나'를 바라보자. 바라보면서 긍정적인 생각을 하자. '왜 난 일이 잘 안 풀리지?', '왜 이렇게 했을까?', '참 못 났다'라고 하지 말고 '그래도 이런 점은 내가 낫지', '이런 점은 내가 참 괜찮다'라고 생각해 보자.

혹시 자신을 못살게 구는 사람이 있는가? 그럴 때도 거울 앞에 서자. 물론 좋은 생각을 하자. '어떻게 복수해서 골탕 먹일까?', '어떻게 되갚아 줄까?'라고 생각하기보다는 '별 인간 다 있구나', '모처럼 사람 공부 잘했다' 하면서 넘어가는 것이 좋다. 그리고 스스로를 위로하며 괴로운 일들을 던져버리자. 가볍게 지나쳐 보자.

현재는 참 귀한 선물이다. 남들 때문에, 아직 다가오지도 않은 미래 때문에, 돌이킬 수 없는 과거 때문에 현재를 훼손하는 것은 어리석은 일이다. 귀한 선물을 그렇게 썩혀서야 되겠는가? **현재를 잘 살아가는 비결은 참 단순하다. 오늘에, 지금에 충실하면 된다. 그것이 '나'를 더 행복하게 만드는 길이며, 더 잘 사는 길이다.**

운동하는
사람이
현명하다

술이 센 사람은 건강한 것인가? 나는 술을 잘하지 못한다. 그럼 나는 건강하지 않은 것인가? 이제 쉰을 넘기고 보니, 언제나 제일 끝까지 남아서 술을 마시고 다음날 일찍 출근하던 사람들, 술을 자주 마시던 사람들은 결국 몸이 허약해졌다. 올챙이배가 된 사람도 있다. 어떤 친구는 술이 원인이 되어 병원을 자주 들락거린다.

젊은 시절 술을 잘하던 사람들은 대인관계도 좋아 보이고, 스트레스도 없어 보였다. 그런데 지금에 와서는 주말에 소파에서 시간을 죽이거나, 활기를 잃은 모습을 종종 본다. 가족 간의 관계가 나빠진 모습도 심심찮게 목격된다. 건강을 해치고 가정이 불안정해지는 등 나쁜 결과로 귀결된 것 같다.

호소력 있는 바이브레이션으로 유명한 남성 듀오 바이브가 부른 〈술이야〉란 노래가 있다. 연인과 헤어진 아픔을 술로 달래는 남

27

자의 이야기이다. 노래 속 그 남자는 '맨날' 술을 마신다. "맨날 술이야"라는 대목은 애절하게 들린다. 그러나 술을 마시면 잠시 괴로움은 잊을 수 있을지 모르나, 몸이 망가진다. 〈술이야〉가 2006년에 나온 노래로 알고 있는데, 만약 그 남자가 지금까지 술타령을 하며 살고 있다면 아마도 골골대며 살고 있을 것이다.

술의 빈도를 줄이고 시간을 만들어 운동을 하자. 그리고 운동이 생활 속의 습관이 되도록 하자. 운동을 하면 좋은 점이 많다. 체력이 좋아지고, 스트레스가 해소되고, 피로가 회복된다. 집중력도 향상되고, 업무 능률도 올라 경쟁력이 높아진다. 더 긍정적이고 적극적인 생활이 가능해진다.

그런데 직장인들의 경우 퇴근 뒤 집에 들어왔다가 다시 운동하러 나가기가 쉽지 않다. 현관까지 10미터 남짓, 참 먼 거리가 된다. 그러나 문을 열고 나가야 한다. 우선 마음에 드는 운동복도 준비하고, 운동화도 준비해야 한다. 그래야 나갈 수 있다. 하루 24시간 중 반드시 운동 시간을 만들어야 한다. 너무너무 귀찮거나 도저히 할수 없을 만큼 피곤하다면 잠깐 문 밖에라도 나갔다 오는 것이 좋다. 그렇게 바깥공기에 익숙해져야 운동 습관이 길러진다. **자신을 위한 최고의 배려와 복지가 운동이다. 내 몸을 귀하게 생각하고, 규칙적인 운동시간을 정하고, 운동을 습관화시키기를 바란다.**

운동을 습관화하기 위해 체육 시설에 등록하는 것도 좋은 방법이다. 그러면 돈이 아까워서라도 한 번이라도 더 나가게 된다. 또한 체육 시설에서는 여럿이 함께 운동하기 때문에 동기유발도 되고 지루함도 줄어든다.

체육 시설에 다닐 형편이 안 된다면 운동 관련 앱을 설치하는 것도 차선책이 될 수 있다. 요즘에는 좋은 앱이 많이 나와 있어서 자신에게 알맞은 앱을 찾기 어렵지 않다.

운동 전에는 반드시 준비운동으로 스트레칭을 하자. 그래야 부상도 예방하고, 균형 잡힌 바른 체형을 만들 수 있다. 또한 운동을 시작하면 20분 이상 꼭 하도록 하자. 강도를 너무 세게 하지 말고, 즐거워지는 수준에서 운동을 하는 것이 좋다. 틈틈이 물을 마시고 휴식도 취하면서. 물을 일단 운동을 시작하기 30분 전에 마셔둔다. 그리고 운동 중에는 갈증이 찾아오기 전에 조금씩 마시는 것이 좋다.

전문 트레이너를 고용하지 않는 이상, 사실 일반인들이 운동 강도를 적절하게 조절하는 것은 쉽지 않다. 그런 사람들을 위해 약간의 팁을 제시한다. 일단 주 5회 운동 계획을 세웠다고 가정해보자. 첫째 날은 일단 가볍게 시작한다. 땀이 살짝 돋아날 정도면 적당하다. 둘째 날부터 넷째 날까지는 한 단계씩 강도를 올려나간다. 그렇다면 마지막 다섯째 날은 최고의 강도로 하면 된다고 성급하게 생각할지 모르겠다. 틀렸다. 다섯째 날은 다시 첫째 날이나 둘째 날 수준으로 가볍게 하는 것이 좋다. 자칫 무리가 올 수 있는 몸을 편안하게 풀어주는 것이다.

주의할 점은 운동을 하다가 몸 어딘가가 불편해지거나 통증이 느껴진다면 곧바로 운동을 중지하는 것이 좋다. 스트레칭으로 마무리하고 쉬어야 한다. 참고 무리하게 운동하다가 병원 신세를 질 수도 있다. 오래 건강하게 운동하기 위해서는 몸을 소중하게 아끼면서 굴려야 하는 것이다.

금연은 당연하다. 또한 음주 후 운동은 금물이다. 음주 직후는 물론이고 다음날까지 쉬는 게 좋다. 술을 마시고 운동을 하면 부상 위험도 커지고, 간에 부담을 주어 도리어 건강을 해치게 된다.

자녀들에게 다양한 것을 가르치고 경험하게 했지만 운동을 제대로 가르치지 못했다. 그래서 딸들이 건강한 삶을 살아갈 수 있을까 늘 걱정한다. 최근 나의 관심사는 '어떻게 하면 자녀들이 운동을 좋아하게 만들까?'이다. 운동하면 예뻐진다고 말하면 효과가 있을까? 진짜 예뻐지는지는 잘 모르겠지만 똑똑해지는 것만큼은 분명하다. 운동하면 몸도 마음도 가벼워져 두뇌 회전이 원활해지기 때문이다.

마지막으로 〈술이야〉의 주인공에게 꼭 한마디하고 싶다. 맨날 술을 마시는 대신 맨날 운동을 한다면 몸짱, 건강짱이 될 거라고. 삶이 달라질 거라고. 행복하게 잘 살고 싶다면 운동을 하자.

운동할 때 알아두면 좋은 상식

◉ 좋아하는 운동복과 운동화를 준비한다.
좋아하는 운동복과 운동화가 있어야 운동하고 싶어집니다.

◉ 준비운동은 충분하게, 마무리운동도 꼭 챙긴다.
준비운동은 부상예방을 위해 필수적인 요소이므로 반드시 합니다.

◉ 운동은 요일별 강도를 달리한다.
주 5회를 계획하면, 시작일은 가볍게, 둘째 날부터 넷째 날은 강도를 조금씩
올리고, 다섯째 날은 다시 가볍게 합니다.
운동 중에 아프거나 통증 부위가 있으면 운동을 중단하고 휴식합니다. 몸 상
태를 보고 반드시 병원을 찾아 치료를 해야 합니다.

◉ 음주를 한 상태나 다음날에는 운동을 생략한다.
음주 후 운동은 간에 부담을 주고 부상 위험이 증가합니다.
흡연은 건강에 절대적으로 해로우므로 금연을 권합니다.

◉ 운동하기 싫은 날은 문 밖에라도 나갔다 온다.
운동복을 챙겨 입고 현관문 까지 가는 것이 가장 힘이 듭니다.
문 밖을 나가 동내 한 바퀴라도 돌면, 운동은 습관화될 수 있습니다.

◉ 체육시설에 등록하거나 운동관련 앱을 설치한다.
혼자 운동하기는 쉽지 않지만 어울려 하면 규칙적으로 하게 됩니다.
운동관련 앱은 매일 자신을 자극해 주므로 도움이 됩니다.

◉ 운동 전, 후 물을 많이 마신다.
물은 운동 30분 전, 또 갈증이 오기 전 미리미리 마셔두면 좋습니다.

건강에 대한
명상

며칠 전에 지인이 암으로 병원에서 큰 수술을 받았다. 그리고 어제는 아내의 친구가 입원했다고 한다. 너무나 건강하던 사람들이 갑자기 건강을 잃었다는 소식을 전해온다. 남의 일 같지가 않다. 나이가 들어가면서 내 몸이 조금씩 노화의 신호를 보내오고 있다. 치아, 위, 허리, 무릎 등 다양한 부분이 지금처럼 건강하게 계속 살아가기 어렵다는 것을 알려오고 있다.

건강하게 살고 싶은 것은 사람의 기본적인 욕망이다. 그런데 건강하게 살려면 몸만 건강한 것만으로는 부족하다. 육체, 정신, 경제, 직장, 인간관계 등이 균형 있게 갖춰져야 진짜 건강한 삶이 된다. 그렇다면 건강한 삶을 유지하기 위해 어떻게 해야 할까?

우선 **육체적인 건강**을 위해서는 금연, 적절한 운동, 균형 있는 식사, 충분한 수면 등이 반드시 필요하다. 삶의 습관을 바르게 들여야 신체적인 건강상태를 유지해야 한다. 육체의 건강은 건강한 삶을 위한 첫째 조건이라 해도 과언이 아니다. 몸이 무너지면 사실상 모든 것이 무너진다. 단적인 예로 갑자기 뇌졸중에 걸린다면 밥숟가락 들기조차 버거워진다.

우리 몸 어디 하나 중요하지 않은 곳이 없겠지만 특히 몸의 중심인 허리의 건강을 강조하고 싶다. 인간은 직립보행을 하기에 척추에 하중이 집중된다. 또한 사회생활을 하는 현대인들은 앉아 있는 시간도 길어서 허리에 부상을 입기 쉽다. 이러한 이유들 때문에 허리를 튼튼하게 하는 방법을 공유하고자 한다.

먼저 바른 걸음걸이로 걷는 것이 중요하다. 엄지발가락에 힘을 주고, 뒤꿈치, 발바닥, 엄지발가락 순으로 지면에 닿게 걷는 것이 바른 걸음걸이이다. 또한 팔자걸음과 안짱걸음은 피해야 한다. 물건을 들 때는 무릎을 굽혀서 허리의 부담을 덜어주는 것이 좋다. 또한 갑자기 큰 동작으로 들지 말고 천천히 작은 동작으로 들어야 한다.

다음으로는 허리를 강화하는 운동이다. 부드러운 걷기, 조깅, 수영 등이 허리에 좋다. 조깅을 할 때는 딱딱한 콘크리트 바닥은 피하는 것이 좋다. 혹시 운동을 하다 허리에 통증을 느끼거나 부상을 당했을 때 병원에 가기를 망설여서는 안 된다. 적절한 치료 후 자세 교정과 근육 강화 운동에 집중하도록 한다.

허리를 튼튼하게 하려면 무엇보다도 바른 자세를 유지하는 것이 우선되어야 한다. 특히 의자에 앉을 때는 허리를 등받이에 딱 붙여서 앉는 것이 좋다. 잠을 잘 때는 바르게 눕기를 권한다. 엎드려서

자는 것은 좋지 않다.

정신적인 건강을 위해서는 감정을 통제하고 극복하면서 적절한 스트레스는 감수하겠다는 태도가 중요하다. 삶의 문제, 고난과 고통을 직면할 때는 잘 타고 넘을 수 있도록 유연성을 가지자. 유연성을 기르는 데는 음악, 여행, 독서 등이 도움이 된다. 이를 통해 스트레스를 해소해 나가면서 정신적인 건강 상태를 유지하도록 한다.

경제적인 건강은 참 어려운 문제다. 일정한 수입과 소득을 유지하는 것이 가장 중요한데, 돈이란 녀석은 뜻하는 대로 척척 수중에 굴러들어오지 않기 때문이다. 그래도 지출과 소비를 적절하게 통제하면서 저축과 투자를 균형 있게 하도록 노력해야 한다. 쓰고 남는 것을 모으는 것이 아니라 먼저 저축을 하고 지출을 하기를 권한다.

직장의 건강은 성실한 근무를 전제로 한다. 성실한 사람에게는 우수한 업무적 성과가 뒤따를 확률이 높다. 어느 기업이든 경영난에 처해 정리해고를 단행해야 할 때는 불성실한 직원을 1순위에 올린다. 성실함으로 자신을 무장한 뒤 자기개발을 위해 아낌없이 투자하자. 또한 직장에서는 인간관계도 무척 중요하다. 상하관계는 물론 동료들과의 관계도 원만하게 유지하도록 노력하자.

관계적인 건강은 가족, 친지, 친구는 물론 사회활동을 통해 이루어지는 모든 인간관계에서 요구된다. 인간관계를 잘 만들어가려면 정직, 진심, 배려, 상대방에게 귀 기울이는 태도 등을 갖추어야 한다.

누구에게나 건강은 중요하지만 특히 나이 든 사람들에게 건강이 차지하는 비중은 더 클 것이다. 그래서 그들을 위해 좀 더 세세하게 첨언을 하고자 한다. 우선 육체적 건강을 위해서 운동을 하되 무리한 운동은 피하도록 하자. 위험한 레포츠도 삼가는 것이 좋다. 부상을 당했을 때 몸은 젊었을 때처럼 쉽게 회복되지 않는다. 정신적인 건강을 위해서라면 지나친 걱정을 삼가는 것부터 시작하자. 그리고 우울함에 빠지지 않도록 신경 쓴다. 경제적인 건강을 위해서는 과도한 투자를 하지 말 것을 권한다. 직장에서는 과로와 건강을 잃지 않도록 주의한다. 마지막으로 관계적인 건강을 위해서는 이성(異性)과의 관계와 채무 관계에 조심하고 유의할 필요가 있다.

내일 일은 아무도 모른다. **건강한 삶을 유지하기 위해서는 나이가 들어갈수록 위험과 불확실은 피하는 것이 좋다. 일정하고 안정적인 방향으로 삶을 가져가야 한다.**

마지막으로 건강을 잘 지키며 살아가고 있는 한 사람을 모범 사례로 소개하고자 한다. 그 주인공은 어떤 남자 연예인인데, 자칫 그의 명예가 훼손될 수 있으므로 부득이 A라 표기한다.

A는 가수이자 방송인이다. 1990년대에 가수로 데뷔해서 큰 인기를 끌었고, 사십대인 요즘에도 활발하게 방송 활동을 하고 있다. 근육질의 몸을 가지고 있는 A는 자기 관리가 충실하다는 평을 받고 있다. 오랜 기간 특별한 추문이 없는 것을 보면 적절한 평이라고 판

단된다.

사실의 정확성 여부를 가리기는 어렵지만 한 언론사에서 A를 두 달 동안 몰래 뒷조사를 했다고 한다. 그 언론사는 연예인이나 스포츠인 같은 유명인들의 스캔들을 폭로하는 것으로 제법 명성이 높은 언론사였다. 그런데 해당 언론사의 기자는 두 달 만에 A를 쫓아다니는 것을 포기했다고 한다. 두 달 내내 A가 방송국, 집, 피트니스센터만 오고 가는 바람에 전혀 건질 것이 없었단다. 술자리조차 가지지 않는 A의 바르고 규칙적인 생활에 기자는 두 손 들고 만 것이다.

A에게 어떤 숨겨진 비밀이 있는지, 향후 어떤 생활상을 보일지는 알 수 없다. 그러나 어쨌든 현재까지는 '건강하게' 살고 있는 것으로 보인다. 험난하다는 연예계에서 장수하고 있는 것이, 오랫동안 높은 인기를 유지하고 있는 것이 그 증거이다.

우리도 A처럼 살 수 있다. 마음먹기 나름이다.

허리를 튼튼하게 하는 방법

직립으로 걷는 인간은 척추에 하중이 집중되고, 앉아 있기를 오래 할 수밖에 없는 환경으로 허리는 무리가 가고, 부상 당하기가 쉽습니다. 모든 신경줄기 다발인 척수와 몸의 중심인 허리를 보호하기 위한 방법입니다.

◉ 바른 걸음걸이를 한다.
안장걸음걸이나 팔자걸음거리를 버리고, 엄지발가락에 힘을 주고, 뒤꿈치, 발바닥, 엄지발가락 순으로 지면에 닫게 바르게 걷습니다.

◉ 허리 부상을 조심한다.
물건을 들 때 허리로 들지 말고 무릎으로 들도록 하며, 갑자기 큰 동작이나 무리한 운동은 삼가 합니다.

◉ 허리에 좋은 자세를 유지한다.
의자에 앉을 때 허리를 등받이에 붙여서 앉고, 수면할 때 엎드려 눕지 않고, 바른 자세로 잠을 잡니다.

◉ 허리를 강화하는 운동을 한다.
딱딱한 콘크리트 바닥에서 뛰지 말고, 부드러운 걷기나 조깅, 수영을 하면 좋습니다.

◉ 허리가 아프면 즉시 병원을 찾아 치료한다.
허리가 아프거나 부상을 당하면 일정기간 자세 교정과 근육 강화 운동에 집중하고, 수술은 좋은 병원을 찾아 마지막으로 판단합니다.

◉ 비만하지 않도록 하고, 하체 근육을 단련한다.
때와 장소를 가리지 말고 수시로 하체운동을 하며, 다리와 허벅지 근육을 탄탄하게 합니다.

지금은
공부할 때

시대를 막론하고 세상 모든 부모들은 자신을 포기하면서까지 자녀교육에 열을 올린다. 나의 부모님도 예외가 아니다. 부모님은 시골에서 농사를 지으셨는데, 그 바쁜 농사철에도 경운기 등의 농기계를 못 만지게 하셨다. 우리 형제들에게 일손을 같이하게는 하셨지만, 공부보다 농사를 배울까봐 농기계는 철저히 금하셨다.

공부도 때가 있다고들 말한다. 물론 학생에게는 적용될 수 있는 말이기도 하지만 전 세대를 아우르기는 어렵다. 세상이 빠르게 변화하고 또 다양해지는 오늘날에 이 말은 큰 힘을 발휘하지 못한다. 지금은 끊임없이 배우고, 변화해야 하고, 전문가가 되어야만 살아갈 수 있는 시대다. 즉 특별히 공부의 '때'가 정해져 있지 않다. 어쩌면 매순간이 공부의 '때'이다.

그러나 공부가 사실 쉬운 일은 아니다. 학생들 중에 공부가 쉽다고 말하는 학생이 몇이나 있는가? 또 오죽하면 '공부도 재능'이란 말이 떠돌겠는가? 나이 들수록 공부하기는 더 어려워진다. 먹고살기 바빠 짬이 안 나기도 하고, 귀찮기도 하고, 이제는 잘할 수 없을 거라는 막연한 두려움에 공부하려는 마음을 먹지 못한다. 뭔가 새로운 것을 배우는 일은 그야말로 '도전'이 된다. 이런 사람들에게 모지스 할머니의 사례가 힘이 될 듯하다.

"결국 삶이란 우리 스스로 만드는 것."

모지스 할머니의 말이다. 모지스 할머니란 미국의 국민 화가로 불리는 애나 매리 로버트슨 모지스를 말한다. 102세에 작고한 화가는 75세에, 즉 할머니가 되어서야 화가의 길에 들어섰다. 그리고 죽음의 문턱에 이르기까지 그림을 그렸다. 친근하고 따뜻한, '할머니의 마음' 같은 그림을 평생 그려서인지 '모지스 할머니'라는 정겨운 호칭을 얻은 듯하다.

모지스 할머니는 평범한 엄마이자 주부였다. 농장을 돌보고, 버터와 감자칩을 팔기도 한 살림꾼이었다. 그림을 제대로 배운 적은 단 한 번도 없었다. 그런 할머니가 그림 세계로 들어온 계기는 관절염이었다. 관절염으로 바느질을 못하게 되자 바늘 대신 붓을 잡게 된 것이다. 그리고 평생 붓을 놓지 않으며 자그마치 1,600점의 그림을 그렸다. 관절염에 주저앉으며 그럭저럭 여생을 보내고자 작정했다면 절대 이루지 못했을 업적이다.

<u>우리는 끊임없이 배워야만 한다.</u> 다만 배우기 전에, '무엇을, 어디서, 누구에게 배울 것인가?'를 늘 진지하게 고민하는 것이 좋다. 그래야만 배움(공부)에 대한 두려움을 이기고 자신감 있게 달려들 수 있다. 직업적인 전문지식이든 기술이든, 취미생활과 관련된 것이든 이 고민은 공부의 효율과 능률을 높이는 데 도움이 된다.

무언가를 배우기로 결심했다면 배우는 것에 투자를 아끼지 말아야 한다. 배워서 버려질 것은 하나도 없다. 어느 순간, 어떻게든 배운 것은 도움이 된다. 아무리 사소한 것도 언젠가는 유용하게 쓰일 귀한 자산이 될 것이다. 그리고 배울 때는 최선을 다해 열심히 배우자. 흘러가듯이 대충 배우면 금방 싫증나고, 제대로 배우기도 어렵다.

제대로 배우기 위해서는 목표를 설정하는 것이 좋다. 목표가 없으면 중도에서 포기하기 쉽고, 배움의 성장 속도도 느려지기 십상이다. 목표를 설정할 때는 달성 기한도 함께 설정하자. 목표와 기한이 정해지면 아무래도 더 열심히 하게 된다. 나중에 성취감도 더 커진다. 아울러 성과를 달성했을 때 자신에게 줄 보상 계획도 세워보자. 그러면 더 즐겁게 공부할 수 있다.

여건이 된다면 여러 가지를 배워도 무방하다. 그럴 여건이 마련되지 않는다면 **자기의 약한 부분, 싫어하는 부분을 우선 찾아서 배우기를 권한다. 약한 부분이 강해지고, 싫어하는 부분이 좋아진다. 그렇게 되면 삶은 한결 윤택해지고, 성숙해진다. 행복이 가까이 온다.**

나는 십여 년 전부터 중국어를 공부하고 있다. 몇 년 전부터 드럼과 클라이밍도 시작했다. 배우면서 체득되는 경험에 사는 게 즐거워졌다. 배우면서 또 다른 세계를 알게 되고 보게 되어 큰 의욕을 얻었다. 배우는 과정을 통해 적극성과 자신감도 붙었다. 세상살이에 대한 두려움이 덜어졌다. 주도적으로 살아가고 있는 내 자신을 발견할 수 있었다. 그리고 요즘 새로운 고민에 빠졌다.

'드론을 배워볼까? 아니, 동력수상레저기구를 배워볼까?'

즐겁고 행복한 고민이다.

배우고 경험한 것은 하나도 버릴 것이 없다. 그것들은 삶 속에서 최고의 순간을 위한 불쏘시개가 될 수 있고, 행복한 삶을 위한 귀한 자산이 될 수 있다. 열심히 배우자. 그러면 자기 삶을 리드하며 살 수 있다. 진정한 프로가 될 수 있다.

이 또한
지나갈 것이므로

다윗 왕이 세공사를 불렀다. 반지에 글귀를 새겨 만들어 오라고 명하면서 이렇게 말했다.

"내가 전쟁에 승리하거나 위대한 일을 했을 때 우쭐하지 않고, 그 글귀를 보고 겸손해질 수 있어야 한다. 내가 견디기 힘든 절망에 빠졌을 때도 용기를 주는 글귀여야 한다."

세공사는 왕의 명을 충실하게 받들었다. 그는 반지에 이런 글귀를 새겨 바쳤다.

'**이 또한 지나가리라**(It shall also come to pass)'

나는 이 말이 참 좋은 말이라고 생각한다. **지금의 이 기쁨과 만족도 곧 지나갈 것이니 너무 자만하지 말 것이며, 슬픔과 고통도 결국은 지나갈 것이므로 너무 낙담하지 말라**는 뜻으로 받아들이고 있다. 나에게는 소중히 간직해야 할 명언이라 할 수 있다.

불행한 일은 누구에게나 닥친다. 직장을 잃거나, 사업이 기울거나, 소중한 사람이 회복하기 어려운 질병을 앓게 되거나, 사랑하는 사람을 떠나보내거나, 가족이나 친구와의 갈등으로 사이가 멀어지거나, 자녀에게 안 좋은 일이 생기거나……. 불쑥 찾아온 불행이 소중한 것들을 쓸어가 버리기도 한다. 그러면 모든 것을 놓아 버리고 싶을 것이다. 그 정도는 아니더라도 정말 아픈 시간을 보낼 수밖에 없을 것이다. 하루가 10년과도 같은, 칠흑 같은 어두운 터널의 시간에 빠질 수도 있을 것이다.

그러나 힘든 역경 앞에서 결코 좌절하지 말고 희망과 용기로 헤쳐나가자. 삶에 대한 신념으로 자신의 삶을 뚜벅뚜벅 걸어가자. 때로는 고난을 극복한 사람의 경험이 힘이 되기도 한다. 이것은 그 사람과 직접 대면하지 못하더라도 책이나 SNS를 통해 만날 수 있다. 전문가와의 상담도 좋고, 친구나 부모 등 가까운 사람과의 가벼운 대화도 좋다. 터널 속과도 같은 삶에서 빛을 만나게 될 수 있을 것이다.

자신만의 시간을 갖는 여행을 통해 힘을 얻을 수도 있다. 또한 종교에 의지하는 방법도 있다. 신앙생활을 통해 마음의 평안을 찾고 일상을 회복할 수 있다. 이와 같이 **역경을 이겨낼 힘을 얻을 수 있는 방법이 많이 있으니 절대 포기하지 말자. 길은 찾으려 하는 사람에게 그 모습을 드러내기 마련이다.**

경남 남해 독일마을에는 파독 기념관이 있다. 1960~1970년대 경제적으로 어려웠던 시대, 희망을 찾아 독일로 떠났던 파독 광부와 파독 간호사들의 발자취를 간직하고 있는 곳이다.

파독 기념관 어느 광부의 글 중에 이런 글귀가 있다.

"지하 1,000미터 아래에서 배웠다. 끝나지 않는 어둠은 없다는 것을."

그렇다. 긴 어둠의 끝에서 동이 트듯, 모든 고난과 고통에는 끝이 있다. 역경 속에 있더라도 지금 자신의 위치에서 잘 감당하면서 살아가다 보면 막막하던 어둠의 터널을 지나서 밝은 빛을 보게 될 것이다. 숨 막히는 오르막이 끝나고 평탄한 길을 맞이하게 될 것이다. 이 글을 남긴 파독 광부는 분명 그것을 몸소 체험했을 것이다.

지금 당장 해결하기 벅찬 어려움이 있는가? 아니면 죽도록 힘든 고통을 떨쳐 버릴 수 없는가? 그렇다면 들숨을 크게 한 번 쉬자. 이어서 두 주먹 불끈 쥐고 힘껏 외쳐 보자.

"이 또한 지나갈 것이다!"

지금 화가 나 있는
우리에게

얼마 전 딸아이와 크게 말다툼을 했다. 코로나19로 개학이 늦어진 것이 원인이라면 원인이었다. 한 달이 넘게 빈둥대는 딸의 모습이 맘에 들지 않았다.

"인생을 낭비하지 말고 계획적으로 살아."

잔소리를 한마디 했더니, 대번에 딸이 맞받아쳤다.

"학원도 가고, 밤에도 공부하고, 나름 열심히 살고 있는데 너무하세요."

화를 내는 딸에게 질 수 없었다.

"아침 늦게까지 자고, 학원 없는 날은 거의 빈둥거리지 않느냐?"

이렇게 말싸움이 되어버렸다. 지혜롭게 대처하지 못하고, 이 나이가 되어서도 화를 다스리지 못한 내 자신이 부끄러웠다.

화는 즉각 튀어나오기도 하지만, 소리 없이 쌓이다가 어느 순간 꽝 폭발하기도 한다. 특히 화를 돋게 하는 사람과 대립이 될 때 그러하다.

　우리는 왜 화를 낼까? 자기 기준이 강하거나 상대에 대한 이해 부족이 다수 원인이다. 사실 화를 안 내고 살기는 정말 어렵다. 누구든지 화가 날 수 있다. 어쩌면 사람으로서 당연한 감정일지도 모른다. 특히 열정과 관심, 기대와 욕심이 있다면 도리어 화를 낼 일이 더 많아지기도 한다. 그것들을 공격받을 때 혹은 채우지 못할 때 방어기제나 보상심리가 작용하기 때문이다. 이렇듯 화가 참기 어려운 본능적인 감정이라면 차라리 꾹 참기보다는 적절하게 써먹는 것도 괜찮을 듯하다. **적당한 정도로, 적절한 시간 동안, 올바른 방법으로 화를 내보도록 하자. 그리고 빠른 시간 내에 풀 줄 아는 지혜를 갖춰보자.** 본인도 상대방도 한결 정신 건강에 도움이 될 것이다.

　화를 '잘' 내려면, 우선 화를 참고 통제할 수 있도록 노력해야 한다. 누구든 사소한 언행에도 갑자기 화가 날 수 있다. 참기 어려운 화가 올라올 때는 말을 멈추고 호흡을 길게 하는 것이 좋다. 그리고 화를 낸 뒤의 부정적인 결과를 생각하며, 대화의 본질에 집중하고 감정을 최대한 분리해서 대꾸한다. 얼굴에 화가 실리지 않도록 신경 쓰면서 즉각적인 반응이 아니라 천천히 말한다.

　감정이 진정되지 않으면 대화를 중단한다. 시간이 지난 후 다시 시도하거나 다음으로 미룬다. 화가 날 때 감정에 치우쳐 화의 원인과 무관한 과거의 나쁜 사례를 끌어오거나 극단적인 막말을 하는 것은 상황을 악화시킬 뿐이다. 또한 분노에 찬 감정이 행동으로 표출되지 않도록 주의한다. 행동으로 튀어나오는 순간 돌이킬 수 없는 상황으로 치달을 가능성이 매우 높다.

2020년 늦봄 〈영혼수선공〉이란 드라마가 인기를 끌었다. 정신과 의사들과 환자의 애환을 그린 드라마인데, 드라마에서는 여자 주인공을 '간헐적 폭발 장애' 환자로 설정했다(후에 경계선 성격장애로 밝혀지지만). 그녀는 말 그대로 간헐적으로 분노를 참지 못하고 폭발시키는 행동을 보인다. 손으로 식탁의 집기들을 쓸어버리거나, 경찰서에서 경찰을 가위로 위협하는 행동 등이 바로 그것이다. 그런 그녀에게 정신과 의사는 '6초만 참기'를 부탁한다. 분노가 끓어오를 때 6초의 시간 동안 분노를 다스리라는 주문이었다. 그녀는 이를 충실히 이해하려고 무척 애쓴다. 그 결과 긍정적인 상황을 이끌어낸다.

6초라는 시간은 물리적인 관점에서는 짧은 시간이다. 그러나 끓어오르는 화를 진정시키기에는 충분한, 긴 시간이다. 그런데 사실 화가 났을 때는 당장 1초도 참기 어려운 것이 보통 사람들의 보편적인 특징이다. 따라서 6초라는 시간은, 화가 난 사람에게는 '기다리기 어려운' 또는 '보내기 어려운' 시간이기도 할 터이다. 그런 의미에서 한 번쯤 도전해볼 만한 시간이기도 하다. 화가 났을 때 '6초만 참기'에 도전해보자.

화는 빨리 풀수록 좋다. 물론 이것도 만만치 않은 일이지만 노력할 가치는 있다. 정신 건강에 좋기 때문이다. 계속 화를 내고, 나쁜 상황을 이어가봐야 아무런 도움도 되지 않는다.

상대방으로 인해 화가 났다면 먼저 손을 내밀고 화해를 구할 필요가 있다. 화해하지 않는 시간이 길어지면 서로 마음만 아플 뿐이다. 화해할 때는 자존심은 꼭 버리자. 적어도 이때만큼은 자존심은 아무짝에도 쓸모없다. 자존심을 아낌없이 버리는 것이 현명한 선택이다.

그런데 화해를 하고 싶어도 방법을 잘 몰라 못할 때도 분명 있을 것이다. 이럴 때는 먼저 화의 원인을 찾아내야 한다. 왜 자신이 화를 냈고, 왜 상대방이 틀어졌는지 헤아려야 한다. 이때는 상대의 입장에서 생각하면 보다 쉽게 원인을 알아낼 수 있다. 원인을 알아내면 자신의 잘못도, 상대방의 마음도 보이기 마련이다. 그다음에는, 물론 힘들겠지만, 자신을 원인제공자로 삼아 상대방과 대화를 시도해보자. 자신이 화를 냈던 이유에 대해, 자신의 잘못에 대해 솔직하게 털어놓는 것으로 대화의 물꼬를 트는 것이다. 일단 굽히면, 상대방도 누그러질 가능성이 높아진다.

지혜로운 선배나 믿음직한 친구 등 중재자를 내세우는 것도 효과적인 방법이다. 중재자를 가운데 끼고 당사자와 화해의 대화를 시도해보자. 대화의 방법은 위에 언급한 것과 동일하다. 역시나 자존심 때문에 굽히지 못하는 불상사가 일어나지 않도록 유의하도록!

기독교인으로서 유익한 찬양 한 곡을 소개하는 것으로 본 단원을 갈무리한다. 〈내가 먼저 손 내밀지 못하고〉라는 찬양의 가사 일부를 소개한다. 화를 다스리고 마음의 평안을 얻는 데 도움이 되리라 믿는다.

내가 먼저 손 내밀지 못하고

내가 먼저 손 내밀지 못하고,
내가 먼저 용서 하지 못하고,
내가 먼저 웃음 주지 못하고,
이렇게 머뭇거리고 있네.
그가 먼저 손 내밀길 원했고,
그가 먼저 용서하길 원했네.

(……)

내가 먼저 섬겨주지 못하고,
내가 먼저 이해하지 못하고,
내가 먼저 높여주지 못하고,
이렇게 고집부리고 있네.
그가 먼저 섬겨 주길 원했고,
그가 먼저 이해하길 원했고,
그가 먼저 높여 주길 원했네.

(……)

행복을 위한
조건

부족함이 없는 환경, 이른바 좋은 조건을 갖추면 행복할까?

얼마 전 TV 방송을 통해 보았다. 프로그램의 등장인물은 좋은 가정에서 일류 대학을 나왔고, 남들이 모두 부러워하는 직장을 다녔다. 그러나 행복하지 않았다. 그리고 결국에는 마약에 빠져 불행한 삶으로 생을 마감했다.

또 다른 등장인물의 사례도 있었다. 그는 기업인이었다. 경제적으로 부족함 없는, 누구나 부러워하는 사람이었다. 그런데 그도 스스로 생을 마감했다.

행복한 삶이란 어떤 삶일까? 누군가는 행복이란 생활 속에서 충분한 만족과 기쁨을 느끼는 상태라고 한다. 그러나 행복의 정의나 조건에 대해서는 명확히 정의된 바도 없고, 단정하기도 어려운 것 같다. 행복에 대한 정의는 저마다 다를 것이다.

미국의 하버드 대학에서 행복의 조건에 대해 70년이 넘게 사람들을 추적하며 실험을 했다. 연구 팀은 면담을 통해 유사한 환경에 있는 대상들을 놓고 관찰했다. 결혼과 이혼, 직업적인 성공과 실패, 전쟁에 참여, 노년의 삶 등 주요 사건에 대해 관찰해 나갔다. 정기적인 건강검진도 하고, 심리상태도 확인하고, 면담도 했다. 한 시대 인간의 총체적인 삶을 포착하고 연구한 것이다. 그 결과 나름대로 신뢰성이 높은 연구 결과를 도출했다. 그리고 7가지 행복의 조건을 제시했다.

7가지 행복의 조건

1. 고통에 대응하는 성숙한 방어기제
2. 일정한 교육 수준
3. 안정된 결혼생활
4. 금연
5. 금주
6. 주기적인 운동
7. 알맞은 체중 유지

물론 이 7가지 조건이 전부는 아닐 것이다. 그래도 '행복하게 살기 위해 어떻게 해야 하는가?'라는 질문에 가치 있고 적절한 답이 될 수 있다고 본다.

하버드 대학의 연구 결과에 따르면, 50세 기준으로, 7가지 조건 중 5~6가지를 충족 시에는 80세 이후에도 행복하고 건강한 삶을 살았다고 한다. 3~4가지를 충족하면 어느 정도 행복은 가능하지만 건강한 삶은 보장되지 않았다. 3가지 미만이면 대부분 단명하며 장수하는 사람이 거의 없었다고 한다. 그리고 연구 팀은 **무엇보다 '고통에 대응하는 성숙한 방어기제'를 향상시켜야 한다고 강조했다. 이를 위해 적극적이며 긍정적인 생각과 미소와 여유를 가지는 삶의 태도가 중요하다**고 했다.

노년의 삶이 점점 길어지고 있다. 노년을 행복하게 건강하게 살아가기 위해서는 '7가지 행복의 조건'은 상당한 의미가 있다고 본다. 이러한 조건을 충족하기 위해 오늘부터 하나씩 실천하며 살아가는 것이 중요하겠다. 하나씩 해나가다 보면 그 과정 속에서 현재의 삶이 더 건강해지고 행복해질 것이라 확신한다.

내가 하버드 대학의 연구 팀보다 뛰어난 인재는 아니지만 행복의 조건으로 한 가지를 더 제시하고 싶다. 그것은 바로 **'감사'**이다. 그리고 왜 감사를 행복의 여덟 번째 조건으로 제시하는지 구구절절 말하는 것보다 글 한 편을 소개하는 것이 나을 것 같다. 부끄럽지만, 나의 글이다. 헬기조종사로서 살아온 23년의 삶을 마무리한 뒤,

현재의 일상에 감사하면 쓴 글이다.

언제나 감사함뿐입니다.

23년간 헬기조종사로서 군 생활을 했다. 조금은 달랐던 조종사 시절을 기억해본다. 일반적인 시야와 다른 각도에서 우리나라의 아름다움을 많이 보았다. 동해 해안선을 비행하면서 보던 장엄한 일출, 여름 물길이 아름다웠던 내린천, 단풍으로 융단을 깔아놓은 것 같은 광릉수목원, 눈이 내린 뒤에 마주한 설악산 절경은 말로 표현할 수 없을 정도로 아름다웠다.

꿈꾸던 조종사가 되었을 때는 무척 좋았다. 그러나 그 생활은 상상과는 거리가 멀었다. 고도의 위험과 직면하여 늘 생존의 갈림길에 있었다. 매일 새 속옷을 입고 출근했다. 애들이 "아빠 잘 가"라고 하지 않고, "아빠 잘 다녀와"라고 인사했다.

어느 날 아침밥을 못 먹고 투덜거리며 출근했다. 그런데 그날, 동료 조종사가 사고로 순직했다. 이후 아내는 아침밥을 한 번도 거르지 않았다. 나에게는 새로운 습관이 생겼다. 비행임무 전에 항상 조종간을 잡고 팀원들의 안전비행과 무사고를 위해 기도하게 된 것이다. 헬기는 비행 중에 사고가 나면 낙하산도 없고, 탈출하는 사출장치도 없어 대부분 큰 사고로 이어진다. 그래서 매사 신중하게 행동하고, 모든 것을 절대자에게 의지하고 맡긴다.

언젠가 산악비행을 하면서 엔진고장이라는 아찔한 경험을 했다. 임무를 앞두고 팀원들과 발생 가능한 사고 상황을 가정하여 조치 절차에 대한 토의를 했다. 강한 바람이 부는 고산지대에서 엔진고장 상황에 대비했다. 그런데 임무 수행 중 예상 지점 부근에서 실제 상황이 발생했다. 신속하게 비상조치를 수행하면서 착륙 장소를 찾았다. 운동장을 발견하고 긴급하게 비상착륙조치를 수행했다. 순간 애들과 아내의 얼굴이 스쳐갔다. 다행스럽게도 큰 부상이 없이 무사히 착륙했다.

사고를 수습하고 귀가했다. 아내에게 아무런 말도 할 수 없었다. 걱정을 끼치고 싶지 않아서였다. 그리고 다음날 떨리는 마음으로 또 임무를 다녀왔다. 그날 사고는 10여 년이 더 흐른 뒤에야 털어놓았다.

참 감사하다. 긴 세월 동안 안전하게 지켜주심에, 전역하여 현재의 삶을 잘 꾸려가게 하심에, 실수가 많아진 나의 모습을 보고 웃는 가족들과 행복을 나눌 수 있음에, 기도해주고 삶을 나누어 주는 가족들과 친구들, 교우들이 있음에 나는 무척 감사하다.

언제나 하나님께 감사할 뿐이다.

내가 돈을
벌고 싶은
이유

우리가 살아가는 이 순간에도 공기는 유통되고 있다. 공기를 통해 우리는 숨 쉬고 살아간다. 돈도 유통된다. 우리는 유통되는 돈을 벌고 쓰면서 살아간다. 돈이 수중에 있어야만 숨통이 트인다. 이러한 점에서 공기와 돈은 참 비슷한 것 같다. 두 가지 다 사는 데 꼭 필요하다.

그런데 공기는 눈에 안 보여서 그런지 대부분 사람들이 거의 의식하지 않고 살아간다. 힘써 '벌어야 되는 것'도 아니어서 그다지 필요성도 느끼지 않는다. 하지만 돈은 다르다. 힘써 벌어야만 한다. 없으면 살기 힘들어지고, 숨이 막힐 지경에까지 이른다. 이러한 점에서 돈은 어쩌면 공기보다 더 절실하다.

옛날에는 생존의 보장과 가족의 생계가 매우 불확실했었다. 질병과 천재지변으로부터 너무나 휘둘리는 삶이었다. 그것이 불안해 종교를 찾기도 했다. 종교에 가까이 갈수록 더 평안해하고 행복해하는 사람이 많았다. 그런데 자본주의 시대인 지금은 다르다. 돈이 많으면 상대적으로 질병과 천재지변으로부터 안전할 수 있게 되었다. 전 세계를 초토화시킨 코로나 사태에서도 하류층이 코로나에 더 취약했다. 적어도 대한민국에서는 그러했다. 그만큼 **돈은 인간의 행복에 직접적이고도 큰 영향을 끼치고 있다.** 돈이 많으면 굳이 신을 찾을 필요가 없는 세상이 도래한 지 오래다. 종교의 역할과 영향력은 눈에 띄게 줄어들었다. 자본주의가 발달할수록 종교적 믿음보다 돈을 더 믿고 신뢰하는 경향이 커져가고 있다.

현대 사회에서는 꿈을 이루는 데 돈이 필요한 경우가 많은 것이 현실이다. 내 집 마련, 일류 학교(대체로 수업료가 비싸므로), 해외여행 등 보통 사람들의 보편적인 꿈들은 돈이 없으면 사실상 이루기 어렵다. 돈이 커질수록 용도와 용처는 너무나 넓어진다. 그만큼 삶의 질이 높아질 가능성도 커진다. 누구도 부인하기 힘든 사실이다. 그래서 많은 사람들이 돈을 벌기 위해 기를 쓰고 살아간다. 문제는 그러다 보니 돈 자체가 꿈이 되고 있는 세태이다. 돈의 양이 행복과 자유의 정도를 나타내는 잣대로 여겨지는 상황이다.

현금 만 원과 맛있는 과자를 놓고 실험을 해보았다. 실험 대상은 학생과 어린이. 그들은 무엇을 선택할까? 실험 결과 어린이는 과자를, 학생은 현금을 선택했다. 학생은 현금 안에서 선택 가능한 다양한 것을, 즉 돈의 용도와 용처를 보기 때문이다. 단정할 수는 없지만,

학생의 마음속에는 돈이라는 꿈이 이미 자라고 있는지도 모른다.

그러나 **분명한 것은 돈은 재화와 용역을 사는 수단일 뿐이라는 것이다.** 인간의 삶을 돈을 버는 시간과 돈을 쓰는 시간으로 나누어 보자. 둘 중 어떤 시간이 좀 더 사람들과 어울리고 함께하는 시간일까? 어떤 시간이 더 소중하고 가치 있는 시간일까? 물론 정답은 없다. 사람마다 답이 다를 수 있다. 그러나 많은 사람들이 같은 답을 내놓으리라 짐작된다.

사랑하는 사람들과 함께하는 삶이 행복한 삶이라는 것에는 큰 이견이 없을 듯하다. 그런 삶을 위해서, 분명히 돈은 필요하다. 그러므로 벌어야 한다. **사람들과 사랑을 나누고, 그 안에서 행복을 누리려는 것이 돈을 버는 목적이 되어야 한다.** 결국 돈은 사람과 사랑을 위한 수단인 것이다.

밤이 늦도록, 주말도 없이 일만 하는 삶, 쉼도 없이 돈 벌기에만 매달리는 삶은 바람직하지 않다. 생계유지가 도저히 불가능한 상황이 아니라면 이러한 삶에서 벗어나기를 권한다. 돈이 목적이 되는 순간 불행은 시작된다. 가족도 끊어지고, 사람관계도 끊어진다. 사랑과 행복이라는 근본적인 목적을 잃어버리고 만다. 돈으로 잠깐의 기쁨과 만족을 살 수 있을지는 몰라도 진정한 사랑과 행복을 살 수는 없는 것이다.

'왜 돈을 버는가?'

많은 사람들이 이에 대한 질문도, 답도 망각한 채 살아가고 있는 듯하다. 세상이 정신없이 돈만 벌도록 사람들을 돈의 경기장에 몰아넣기 때문일까? 아니면 스스로 그 경기장에 뛰어드는 것일까? 여하튼 자본주의의 병폐가 아닐 수 없다.

자신이 어떤 경기장에 서 있는지 찬찬히 돌아보자. **사랑과 행복의 경기장에서는 악착같이 돈을 벌기 위해 경쟁을 벌일 필요가 없다. 즐겁게 벌고 즐겁게 쓰는 아름다운 경쟁만 존재하기 때문이다.** 지금 서 있는 곳이 그곳이 아니라면, 어서 발걸음을 옮기자. 늦지 않았다.

나도 그 경기장으로 갈 것이다. 나는 사람과 사랑, 행복을 위해 돈을 벌고 싶기 때문이다.

내가 옳고
네가 틀렸을까?

불이 났을 때 차가운 물과 뜨거운 물 중에서 어떤 물이 불을 끄는 데 효과적일까? 답은 뜨거운 물이다. 차가운 물보다 뛰어난 뜨거운 물의 점착성과 수증기가 불을 끄는 데 효과적으로 작용한다고 한다.

유럽, 호주, 아프리카 세 지역 중에서 빙하가 없는 곳은 어디일까? 더운 지역인 아프리카를 떠올리기 쉽겠지만, 답은 호주이다. 우리는 직관적인 상식 틀 안에서 대부분을 판단한다. 그러한 판단은 오류를 가져올 수 있다.

조종사는 어두운 밤에 바다 위를 비행할 때 위험하다고 한다. 별이 떠 있는 하늘과 어선 불빛이 반짝이는 바다를 착각하는 버티고(Vertigo)에 빠져 사고가 날 수 있기 때문이다. 따라서 밤에는 자신의 판단을 버리고 항공기의 계기를 신뢰하면서 비행해야 한다.

주차장에서 '내 차'는 멈춰 서 있는데, 옆 차가 앞으로 가면 내

차가 뒤로 가는 것으로 착각하여 브레이크를 밟는 경우가 있다. 배경에 따라 직선이 굽은 것처럼 착시 현상을 일으키는 그림도 있다. 이렇듯 **자신의 지각과 판단력이 항상 옳은 것은 아니다. 언제든 틀릴 수 있다.**

"내가 옳고 네가 틀렸다!"

누구나 살면서 이렇게 말하기 쉽다. 자기 생각만 강하게 주장하며 상대방이 다른 의견을 제시하면 거부 반응을 일으키는 사람도 많다. 심지어 반대 의견을 내는 상대방에게 미움을 품는 이들도 있다. 옳고 그름을 가리는 문제는 몇몇 사람의 문제로 국한되지 않는다. 지금 우리가 살고 있는 이 땅의 '사회 현상'이기도 하다. 지금 얼마나 많은 쌍방들이 서로 대립하고 있는가? 기성세대와 젊은이들이, 진보와 보수가, 남자와 여자가, 종교와 종교가 서로 반목하는 모습을 우리는 자주 목격하고 있다. 반목의 주요 원인은 옳고 그름의 판가름이다. 서로 자신만이 옳고 상대방은 틀렸다고 아우성이다.

옳고 그름을 명확하게 가름하기란 결코 쉬운 것이 아니다. 가령 불치병을 앓고 있는 환자가 있다고 치자. 이 경우 귀한 생명이므로 생명을 연장하는 것이 옳은가 아니면 극심한 고통을 줄여주기 위해 생명 연장을 중단하는 것이 옳은가. 그 누가 자신 있게 판정 내릴 수 있겠는가. **사람마다 옳고 그름의 가치관이 다를 수 있다. 환경, 나이, 성별, 성격, 성장배경, 경험 등 모두 다르기 때문에 다른 주장을 펼칠 수 있는 것이다. 우리는 그 다름을 인정해야 한다.**

조선 시대 청백리이자 명재상인 황희 정승의 이야기는 참 좋은 본보기가 된다.

어느 날, 집안의 두 여종이 다투다가 한 여종이 황희 앞에 쪼르르 달려왔다.

"저 계집은 매우 간사합니다. 그래서 다툰 것입니다."

그러자 황희 정승이 점잖게 대꾸했다.

"네 말이 맞다."

고자질 당한 다른 여종이 역시 쪼르르 달려와 억울함을 호소했다.

"간사한 것은 제가 아니라 저 계집입니다. 잘못은 저 계집이 먼저 했습니다."

황희 정승은 처음과 같은 말투로 한마디 툭 던졌다.

"네 말이 맞다."

그러자 곁에 있던 조카가 답답하다는 듯 끼어들었다.

"아저씨, 잘잘못을 분명히 가려주셔야지요. 둘 다 맞다고 하면 어떡합니까?"

황희 정승은 또 이렇게 대답했다.

"네 말도 맞다."

황희 정승이 흐리멍덩한 성격의 사람이라고 생각할지도 모르겠다. 그러나 이 일화는 황희 정승의 훌륭한 인품을 잘 드러낸다. 그는 옳고 그른 것을 가릴 때는 신중해야 한다는 것을 은유적으로 보여준 것이다.

언젠가 우리 딸에게 물었다.

"어떤 학생이 지각을 했는데, 어떻게 생각하니?"

딸은 별 어려움 없이 대답했다.

"그 학생이 지각한 건 잘못이죠."

내가 다시 물었다.

"그런데 그 학생이 길에서 의식을 잃고 쓰러져 있는 할머니를 보고, 구급차를 불러 병원으로 후송하느라 늦었다면, 넌 어떻게 평가하겠니?"

딸은 역시 망설임 없이 대답했다.

"그건 잘한 거죠."

살아가면서 자기 생각만으로, 보여지는 단편적인 현상만으로 옳고 그름을 쉽게 판단해서는 안 된다. 지각한 학생의 경우처럼, 세세하게 사정을 파악하고 신중하게 판단해야 한다. **이것도 맞고, 저것도 맞을 수 있다. 또한 이것도, 저것도 모두 틀릴 수 있다. 절대적인 옳음도, 틀림도 없다. 이러한 가치관으로 타인의 의견을 존중하며, 최선(最善)을 찾아가는 지혜가 필요하다.**

야호!
여행을 떠나요

대다수의 사람들은 반복적인 일상을 살아간다. 어떤 이들은 일상에서 재미와 행복을 느끼기도 하지만, 대부분의 사람들은 힘들게 살아간다. 종종 '무엇 때문에 이렇게 바쁘고 힘들게 살아야 되지?'라는 생각에 젖기도 한다.

시간에 얽매이지 않던 시절은 아주 옛날이 되어 버렸다. 현대인들은 시간에 삶을 묶이고 자유를 뺏긴 채 살아간다. 누구에게나 시간은 점점 빠르게 지나가는 것, 모자라는 것이 되어버렸다. 사회가 생산성과 효율성을 추구하다 보니, 시간에서 자유로울 수 없다. 시간에 쫓기는 삶은 스트레스만 쌓이게 할 뿐이다. 일상으로부터 벗어나고 싶지만 도무지 시간이 없어서, 혹은 시간이 없다는 핑계로 그 욕망을 스스로 잠재워버린다. 어디론가 훌쩍 떠나고 싶어도 시간이 주는 두려움에 선뜻 용기를 내지도 못한다.

과학적이고 객관적인 분야가 발달할수록 인간의 주관적이고 감성적인 분야는 소외되어 가는 듯하다. 그 소외감은 몸과 마음 모두를 지치게 한다. 이런 상황에서 **어떻게 하면 몸과 마음의 위안을 얻을 수 있을까? 문화생활, 예술 활동, 만남, 종교, 휴식 등의 방법으로 어느 정도 치유를 할 수 있다.** 그러나 내가 추천하는 방법은 여행이다.

치유에는 여행만큼 좋은 것이 없다고 생각한다. 여행을 떠나면 가슴이 트이고 답답함이 풀린다. **여행은 열심히 산 자기 자신을 위한 선물이다.** 불확실한 미래를 준비하느라 고단하게 살아온 삶 속에서 지쳐 있는 '나'에게 쉼표가 되어줄 것이다. "야호!" 외치면서 바쁘게 살아온 자신을 위해 자유인이 되어 보자.

여행은 낯섦을 설렘으로, 삶의 무거움을 가벼움으로 변하게 한다. 현실에 갇혔던 자신을 잊어버리는 순간이 오게 한다. 아름다운 자연을 보면서, 오래된 문화유산을 보면서, 맛있는 음식을 먹으면서 행복에 빠지게 만든다. 그런 다음에는 스트레스로부터 벗어나게 하고, 다시 일할 욕구를 충전시켜준다. 내가 그런 경험을 몸소 겪었기에 자신 있게 말할 수 있다. 한 가지 예로, 언젠가 절친들과 바닷가로 여행을 간 적이 있었다. 지금도 그때를 생각하면 입가에 미소가 떠오르고, 저절로 행복해진다. 그 추억은 반복되는 삶 속에서 새 힘을 돋게 하는 '추억 에너지'이다.

여행을 떠날 때 혼자 떠나도 좋다. 그래도 마음이 통하는 친구, 사랑하는 가족과 같이 간다면 더 풍성해진다. 북적이는 곳도 괜찮지만, 되도록 사람이 드문 곳, 한적한 섬이나 해안가를 찾으면 더욱 여유로움을 추구할 수 있다.

언젠가 '후회하지 않게 꼭 하고 싶은 10가지'를 작성해본 적이 있다. 작성하고 나니 여행에 관한 항목이 많았다. 그만큼 내 자신이 여행을 가치 있게 생각하며 살았다는 증거였다. 말 나온 김에 이 지면에 그것을 소개하고자 한다.

후회하지 않게 꼭 하고 싶은 10가지

1. 친구들과 유라시아 횡단철도로 여행하기
2. 딸들에게 꼭 전하고 싶은 책 쓰기
3. 대학교 은사님을 찾아서 인사드리기
4. 아내와 이탈리아 등 유럽 여행하기
5. 혼자서 중국 한 달간 살아보기
6. 죽기 전에 통 큰 기부하기
7. 해안 길을 따라 여행하면서 지역 맛집 투어하기
8. 친구들과 멋진 시골집 짓고 같이 살아가기
9. 결혼한 딸들과 가족사진 촬영하기
10. 세계의 국립공원 10곳 찾아가기

어쩌다 보니 가고 싶은 곳으로 꼽은 여행지가 해안 지역 맛집 외에는 다 해외가 되어버렸다. 아무래도 새로운 곳에 대한 본능적인 동경심 때문이 아닐까 싶다. 그런데 여행지가 반드시 낯선 곳, 이국적인 곳일 필요는 없다. 평소 익숙하던 곳도 여행하는 마음으로 찾으면 새로운 느낌으로 다가온다. 베스트셀러 여행 에세이 《여행의 기술》을 쓴 알랭 드 보통도 익숙한 곳으로 떠나보라고 제안했다. 그는 그런 곳에서도 새로운 호기심과 아름다움을 발견할 수 있다고 말했다. 결국 내가 내리는 결론은 다음과 같다.

"장소에 구애받지 말고 여행을 떠나자!"

여행지에서 "야호!"를 외치면 더욱 신나는 여행이 될 것이다. **시간에 '쫓기고' 살았다면 시간을 '쫓아내' 보자. 그리고 여행 가방을 챙기자. 그것이 시간을 품위 있게 사용하는 방법이다.** 부디 여행을 통해 지친 영혼을 치유하고 삶의 생기를 되찾기를 기원한다.

상속에
성공하기를
바라며

"자녀들에게 상속은 어떻게 하고, 무엇을 물려주어야 합니까?"
어르신들께 이렇게 여쭤보면 대부분 비슷한 답변이 돌아온다.
"상속에 실패했어."

어떤 분은 자식들 가운데 끝까지 효도하는 자식에게 재산을 물려주겠다고 재산을 붙들고 있다가 자식 간에 재산 분쟁이 생겨 집안이 엉망이 되었다고 한다. 또 어떤 분은 가족 간에 아무런 상의도 없이 미리 상속을 다 해주어 황망한 경우를 겪기도 했단다. 자녀들이 아무런 준비가 되지 않은 상태여서 뒤늦게 상속 문제로 재산상 손실과 법적인 어려움을 겪었다는 어르신도 있있다.

상속이 간단한 일이 아닌 것만은 분명한 듯하다. 그렇다면 이 어렵고도 까다로운 상속을 어떻게 하면 성공적으로 해낼 수 있을까?

미국의 석유사업가로서 '석유왕'이라고도 불렸던 록펠러의 사례가 답이 될 수 있다고 생각한다. 생전에 세계 최고의 부자였던 록펠러는 바람직한 '가족문화'를 상속했다는 평가를 받는다. 록펠러는 부자 아버지답지 않게 자녀들에게 집안일을 시키고 그 대가로 용돈을 주었다고 한다. 게다가 용돈기입장, 즉 회계장부를 쓰게 하고, 용돈의 목적까지 꼭 정하도록 가르쳤다고 한다.

생활 면에서는 성경을 통해 하나님의 지혜를 가르치는 것을 우선으로 삼았다. 록펠러 자신이 독실한 기독교인이었기 때문이다. 그런데 록펠러는 일방적으로 성경의 가르침을 자녀들에게 주입하지 않았다. 가족회의를 통해 민주적으로 의견을 나누면서 자녀들이 스스로 신앙적으로 성숙하도록 도왔다. 또한 록펠러는 사업으로 바쁜 와중에도 반드시 가족과 함께하는 시간을 가졌다. 돈도 잘 버는데다 가정적이기까지 했으니, 록펠러가 21세기 대한민국의 청년이었다면 최고의 신랑감으로 꼽혔을지도 모르겠다.

록펠러의 이러한 삶의 태도는 사실 어머니에게서 비롯된 것이다. 즉 어머니로부터 상속받은 가족문화를 록펠러는 고스란히 자기 자식들에게 대물림해준 것이다. 여하튼 유산으로 이어져온 그의 가족문화는 록펠러 가(家)를 역사의 한 페이지를 장식한 가문으로 자리매김하는 데 큰 기여를 했다. 그의 가문이 활발한 기부 활동을 펼쳤던 것도 가족문화의 영향이 아닐 수 없다.

상속에 대한 계획과 방향성은 자녀들의 미래에 중요한 영향을

미친다. 재산 외에도 중요하게 생각하는 가치와 그동안 쌓은 인적 관계를 상속하고, 봉사와 기부 등 의미 있는 무언가를 남겨야 할 필요가 있지 않을까? 그 답은 물론 각자의 몫이기는 하다.

상속은 물적 자산, 지적 자산, 인적 자산으로 구분하여 물려줄 필요가 있다.

물적 자산은 주택, 토지와 같은 부동산과 보험, 주식, 연금 등의 동산을 포함한다. 이 물적 자산을 상속할 때는 배우자가 홀로 살아가야 할 시간과 자녀들 중 누구도 차별받지 않도록 고려해야 한다.

지적 자산은 가족 간의 사랑, 바른 신앙생활, 경제적 관념, 건강 관리, 봉사활동, 기부 등 부모가 꼭 남기고 싶은 가치관이다. 부모된 사람들에게는 천차만별일 수 있다. 그러나 보편적으로 귀한 가치관에 대한 생각은 어느 정도 일치할 것이다. 부모는 자녀에게 평소부터 가치관을 심어주고, 그에 따라 자녀가 살아갈 수 있도록 이끌어야 한다. 물론 부모부터 일관성 있게 행동으로 보여주어야 하는 것은 당연하다.

인적 자산은 부모가 유고(有故) 시 의지할 수 있는 사람들이다. 친척, 친구, 사회적 관계로 맺은 사람들, 그 누구도 될 수 있다. 자녀들이 인생을 살아가며 신뢰할 수 있는 사람이면 그만이다. 부모는 평소 자식들이 이들과 함께하는 시간을 가지면서 자연스럽게 관계가 깊어지도록 유도하는 것이 좋다.

이러한 자산들을 상속하는 데 성공하려면 '언제, 누구에게, 무엇을 상속할 것인가?'에 대해 가족이 함께 모여 대화를 나눌 필요가 있다. 그래서 가족들이 부모의 상속에 대한 뜻을 확인하고, 그 뜻을 받들고 또 이어가도록 해야 한다. 더불어 부모는 지혜로운 상속이 되도록 전문가의 조언도 받으면서 유서를 미리 준비해 두면 좋다.

많은 부모들은 상속이 중요하다고 생각하지만 대부분의 자녀들은 준비가 되어 있지 않다. 따라서 **부모와 자녀가 함께 마음을 털어놓고 이야기할 기회를 꼭 마련해야 한다. 부모는 상속의 가치관, 인생관 등에 대해 허심탄회하게 털어놓고, 자녀의 솔직한 속마음도 여과 없이 들어야 한다.** 얼굴을 붉히고 눈물을 흘리는 일이 벌어진다 하더라도 그러한 과정을 겪어야만 한다. 이러한 시간을 회피한다면 호미로 막을 일을 가래로도 막지 못하는 상황을 맞을 수도 있다. 대화의 시간을 가진다면 가족 간 사랑과 신뢰가 더 깊어지는 계기가 마련될 가능성이 커진다.

그러므로 대화를 하자. 상속은 가족문화로 정착해야 한다.

죽음 그리고
사랑하는 사람

봄꽃이 만개한 어느 날 아침에 용마산을 올랐다. 노부부가 바위에 앉아서 만개한 진달래꽃 더미를 보고 있었다.

"진달래 참 예쁘죠?"

나는 인사를 건네며 그분들 옆에 앉았다. 할아버지는 많이 편찮아 보였다. 할머니가 남편을 흘깃 본 후 인사말처럼 혹은 혼잣말처럼 이런 말을 했다.

"어쩜 이렇게 예쁠까?"

할머니가 나를 보더니 말을 이었다.

"우리도 저렇게 예쁠 때가 있었는데, 세월이 금방 지나갔네. 저 양반도 이번이 마지막이려나? 아무것도 한 것 없이 그냥 이렇게 세월이 갔네."

할머니의 말에 무슨 말이든 대꾸를 해야 할 것 같았다. 그런데 어쩐 일인지 말문이 탁 막혀버렸다.

"좋은 시간 보내세요."

그저 작별의 인사말을 드리고는 산을 내려왔다.

태어난 이상 반드시 맞이해야 할 죽음. 누구도 피해갈 수 없는 죽음은 고통스러울까? 죽음 이후에는 어떤 세상이 있을까? 누구나 한 번쯤 이런 생각을 해본 적이 있을 것이다. 나 역시 그랬다. 나는 단순히 생각을 넘어 고민에 빠졌었다.

삶의 끝은 죽음이지만, 삶의 목적은 죽음이 아니다. "꽃은 지는 것을 슬퍼하지 않는다. 피지 못하는 것을 안타까워한다"라고 했다. 지는 것을 걱정하면 피지도 못했을 것이라는 것이다.

삶을 활짝 꽃피운 사람들은 죽음을 두려워하지 않는다고 한다. 자신의 삶을 제대로 영위하지 못했을 때 죽음을 두려워한다고 한다. 두려워한다고 해서 죽음을 피해갈 수는 없다. 그럴 바에야 한 번 뿐인 인생, 활짝 피는 일에 전부를 거는 것이 낫지 않을까? **지금 이 시간, 삶에 더 집중하자. 삶에 더 가치를 부여하자. 자신이 꼭 해야 할 일, 자신만이 할 수 있는 일을 떠올려보자.** 그리고 죽음을 잊고 그 일에 매달려보자. 어느 순간 삶은 아름다운 꽃을 피우고 있을 것이다.

나의 죽음, 너의 죽음, 그들의 죽음. 죽음은 모두 슬프지만, 이 셋 중 가장 슬픈 경우는 나의 죽음도 아니고, 그들의 죽음도 아니며, 너의 죽음이라고 한다. 나의 죽음은 자신이 죽는 순간 모든 것이 끝이므로 슬픔을 느낄래야 느낄 수도 없다. 그들의 죽음은 어쩔 수 없이 나의 삶과는 밀접하게 관련되어 있지 않은 경우가 대부분이다. 그러나 너의 죽음은 다르다. 나의 삶의 이유, 존재 이유가 되는 경우가 많다. 그래서 가장 슬픈 것이라고 한다.

사랑하는 사람(너)을 떠나보낸 사람은 알 것이다. 너의 죽음이 얼마나 슬프고 또 고통스러운지. 아마도 평생 그 슬픔과 고통을 안고 살아가야 할 것이다.

우리가 어차피 살아갈 것이라면, 누군가의 '너'가 되어 살아가는 것은 어떨까? 기쁨을 주는 너, 행복을 주는 너, 곁을 지켜주는 너, 귀를 기울여주는 너……. 그런 '너'가 많다면 우리의 세상은 더욱 아름다워질 것이다. 그렇게 사는 삶은 정말 보석보다 더 가치 있을 것이다. '너'로 사는 삶, 그 삶의 끝에서 행복하게 죽음과 마주할 수 있지 않을까?

기독교인으로서 예수의 생애야말로 참된 '너'의 삶이었다고 생각한다. 예수의 공생애는 '너'가 되지 않고서는 불가능한 삶이었다. 기독교인이라면 두말 할 필요 없고, 기독교인이 아니더라도 예수의 삶을 닮으려 노력한다면 세상에 귀한 발자국을 남길 수 있을 것이다.

사실 나는 '너'로 인해 행복을 누리고 있는 사람이다. 나에게는 '너'로 살아주는 가족이 있기 때문이다. 그중에서도 나의 아내, 그 고마움을 잊을 수 없다. 따라서 쑥스럽지만 아내를 위해 쓴 졸작의 시를 한 편 소개하고자 한다. 결혼 26주년을 맞이해 아내를 생각하며 쓴 것이다.

또 한 해를 살아낸 당신

당신.
무슨 말을 할까요?
고맙소.
미안하오.
사랑하오.
그런데 내 맘에 부족하다.
마음에 들지 않는다.

하루, 한 주, 한 달, 일 년을 살아감이
결코 녹록치 않지요?
애들과 가사, 직장에서
며느리와 자식, 그리고 아내 되기가
결코 쉽지만은 않지요.

나이가 들수록 익숙해지기도 하련만
한 날, 한 해가 더 쉬이 가지 않음은
어제와 늘 같으리라는 착각 속에서

고달프고 항상 똑같을 수 없는 것이

우리네 인생살이라 그런가 보오.

그러니 오늘도 내일도 여전히 힘들겠지요.

그래도 당신.

진짜 고맙고,

정말 미안하고,

깊이 사랑하오.

당신께 많이 부족하지만……

썩 마음에 들지 않는 남편이지만……

《논어》에 제자 자로가 공자에게 죽음에 대해 묻는 장면이 나온다. 그런데 공자는 이렇게 대꾸하며 자로의 말을 자른다.

"삶도 알지 못하는데 어찌 죽음을 말하겠는가?"

지당한 말씀이다. **죽음을 고민할 시간에 사랑하는 사람들과 더 즐겁게 함께했으면 좋겠다. 앞서 꽃은 활짝 피지 못함을 슬퍼한다고 했는데, 너와 함께 아름답게 꽃피울 수 있는 삶을 살아야 하겠다.**

나부터 실천하기를 다짐한다. 내가 살아가는 이유는 네가 있기 때문이다. 지금 이 순간 너와 함께 삶에 더 집중하고 가치를 부여하며 살아가겠다.

행복한
부모로 살아가기

아버지께 올리는 글

그리운 아버지! 잔잔한 미소를 띠던 그 얼굴이 그립습니다. 고향을 찾으면 언제나 계실 것 같은데 안 계시군요.

아버지! 참 고맙습니다. 가난한 형편을 이어서 어려운 가정을 힘들게 이끌어 오셨지요. 그럼에도 저희 4남매 반듯하게, 어엿하게 세상을 잘 살아갈 수 있도록 키워주셔서 감사합니다. 형제간의 우애가 무엇인지 알게 해주셨고, 내 어머니를 많이 사랑해주셨습니다. 그리고 장남으로 집안 대소사를 챙기시고, 이웃과 주변 어르신들을 잘 섬기셨습니다.

아버지! 지난날 아련한 추억이 떠오릅니다. 여름휴가를 남해로 갔었지요. 굉장히 좋았지만 단 한 번이었기에 너무나 아쉽게 생각됩니다. 그래서 그 시절이 그리워서 제 자식들과 자주 여행을 하곤 합니다.

아버지께서 가장 힘드셨다는 시절, 돈이 된다며 힘든 담배농사를 지을 때가 생각납니다. 가족들 모두 무더운 여름 땡볕에서 끈적이는 잎을 수확하고, 냄새 나는 건조장에서 한밤중에 일어나 힘들게 일했습니다. 그러나 돌아보니 그 시절이 가족 모두가 힘을 모으는 시간이었습니다. 지금도 어려울 땐 그 시절의 그 시간이, 가족이 힘을 모으고 힘든 세상을 살아가는 자양분이 되고 있습니다.

남몰래 어머니를 많이 사랑하시던 아버지! 할머니의 잔소리를 듣고 어머니가 속상해할 때면 몰래 부엌으로 가서 고구마를 구워 어머니를 챙기시고, 아궁이 불을 보시던 모습이 기억납니다. 그래서 저도 아버지를 보고 배운 대로 아내와 집안일도 같이 하고, 서로 위하면서 잘 살고 있습니다.

사랑하는 아버지! 객지에서 생활한다는 핑계로, 멀리 있다는 핑계로 자주 찾지를 못했습니다. 어떤 음식을 좋아하시는지? 어디가 불편하신지? 아버지께 너무나 무심했습니다. 자주 찾고 불편하신 부분을 살피고 감사하다는 말을 드렸어야 했는데……. 아버지, 죄송합니다. 용서해주세요.

그리운 아버지! 염려와 수고로움 다 내려놓으시고 편히 쉬세요. 그리고 편찮으신 어머니를 가끔 지켜봐 주세요. 남은 저희 가족들은 세상 속에서 열심히 행복하게 잘 살겠습니다. 서로 우애 있게, 돕고 나누면서 살겠습니다.

아버지! 사랑합니다.

고생만 하시다 돌아가신 나의 아버지를 그리워하며 쓴 편지이다. 부모에 관한 글을 쓰려다 생각나서 먼저 소개했다.

나의 아버지처럼, 부모는 밤낮으로 자녀를 걱정한다. 어린 아기를 키우는 부모는 아기가 다치거나 아플까 봐, 수험생을 둔 어머니는 자녀의 장래를 늘 걱정한다. 신앙이 있는 부모라면 밤늦도록 혹은 새벽 일찍 간절히 기도하기도 한다. 장성한 자녀를 둔 부모라고 해서 크게 다르지 않다. 자녀의 사업이 안 될까 봐, 직장에서 불이익을 당할까 봐, 가정불화가 생길까 봐 노심초사한다.

부모에게는 자녀를 위해 이토록 애를 태우고 또 수고하는 것은 당연한 것인가 보다. 나의 부모님도 예외는 아니었다. 부모님은 어려운 살림 속에서 우리 4남매를 키우시느라 무지 고생하셨다. 그런데도 나는 경제적으로 어렵다고, 나에게 관심이 없다고 가끔 푸념하기도 했다. 때로는 나 혼자 저절로 자란 것처럼, 내 힘으로 큰 것처럼 교만하게 말하기도 했다.

나도 자녀를 낳아 키우면서 부모의 마음을 조금씩 알아간다.

부모가 되어 숙명적으로 자식을 위해 헌신하며 살아간다. 경제적으로 부족하면 물질적으로 해주지 못해서, 생계 활동으로 시간이 없으면 같이하지 못해서 마음 아파한다. 자녀들에게 하나라도 더 해주고 싶어서, 더 좋은 환경을 만들어 주기 위해서 애쓰고 있다. 그 애쓰는 과정에서 나의 부모님의 희생을 깨달았다. 이제야 어머니가 연로하심에 안타까워하고, 아버지가 돌아가신 후 부족한 자식이었음에 후회하며 눈물을 흘린다. 감사의 눈물도 흘린다.

한편으로는 그 감사와 동시에 '부모님께서 좀 즐겁게 사셨으면 얼마나 좋았을까?', '자녀들에 대한 걱정을 내려놓고 인생을 좀 더 즐기셨으면 얼마나 좋았을까?' 하는 생각이 든다. 세월이 흐를수록 이 생각은 점점 커진다. 그러면서 안타까움도 커진다.

아들과 딸로 살아가는 우리 모두는 성장하면서 부모님에게 한 번쯤 이런 말을 들어보았을 것이다.

"내가 널 위해 얼마나 고생하는데."

그만큼 우리 부모들은 자녀에게 무조건적으로 헌신했다. 그러나 부모 역시 사람이기에 그 헌신이 가끔은 부담스러웠을지 모른다. 때로는 피로했을지도 모른다. 그 감정이 이런 표현을 튀어나오게 했을 것이다.

그런데 부모의 무조건적이고 전폭적인 희생은 자녀를 행복하게 할까? 부모된 사람들은 이에 대해 진지하게 고민할 필요가 있을 듯하다. 오늘을 사는 부모라면, 자녀로부터 좀 더 자유로워지고, 그 자유를 통해 행복을 누렸으면 좋겠다. 자녀들은 부모의 헌신에 감사해하지만, 미안함도 느낀다. 부모님이 자신을 향한 걱정과 염려 속에서 일만 하시며 살아가시는 것을 바라지 않는다. **부모님이 즐겁고 행복하게 사셔야 자신도 자유롭고 행복하다고 느낀다.** 부모님이 깊이 관여할수록 자신은 어미 품속의 나약한 아기 캥거루가 되고 만다는 것을 자녀들은 알고 있다. 요즘 젊은이들이 자립성이 부족하고 부모에게 의지하려는 경향이 크다고 하지만, 평생 아기 캥거루처럼 살기를 바라는 사람은 드물 것이다.

우리는 조금 더 현명한 부모가 될 필요가 있다. 특히 엄마라면 더더욱 현명하게 행동해야 한다. 여자들이 어리석다는 뜻이 아니다. '엄마'라는 위치가 아무래도 희생과 헌신이 좀 더 요구되는 것이 현실이기에 안타까움을 표현한 것이다. 많은 엄마들이 자기를 포기하면서까지 자식을 위해 살아왔는지, 우리는 그것을 모르지 않는다. 지나친 희생의 결과는 반드시 해피앤딩만은 아니다. 자식이 원하는 대로 안 되었을 때 희생만 하고 살아온 부모의 절망과 슬픔은 더 크기 마련이다. 보상심리마저 작용하여 일상이 흐트러질 위험도 크다.

부모에게 자녀의 미래만큼 중요한 것은 없다. 그러나 **부모도 행복할 권리가 있다. 부모가 충분히 행복해야 자녀도 행복해진다. 걱정을 조금 내려놓고 자신들의 인생을 살면서 행복한 부모가 되었으면 한다.** 그 행복 안에서 따뜻하고 넉넉하게 자녀들을 꼭 안아주었으면 한다.

나를 돌아보고,
내가 선택한다

'제대로 살고 있는 건가? 앞으로는 어떻게 살아야 하지?'

반백이 넘어간다. 그래서 이런 질문들이 수시로 떠오른다. 그저 평범하게 하루하루를 견디며 살고 있다. 사는 게 만만치 않은 것은 누구나 마찬가지겠지만, 그래도 쉽지 않은 세상살이다. 수고 많았다고 때론 내 자신을 칭찬해주고 싶다. 그리고 가끔 어디론가 훌쩍 떠나고 싶기도 하다. 반백이 넘어서다.

나이가 들어갈수록 '나'를 자주 돌아보게 된다. 어쩌면 그것이 나이 먹은 사람의 의무인지도 모르겠다. 나이를 먹어서도 스스로를 돌아보는 일을 외면한다면 나이 먹음의 의미가 퇴색된다고 생각한다.

어하튼 나를 돌아보면서 8가지 '나를 돌아보는 질문들'을 던져본다. 이 질문들에 떳떳하게 대답할 수 있도록 더 열심히, 더 착실하게, 더 이타적으로 살아야겠다고 다짐해본다.

나를 돌아보는 질문들

1. 나는 오늘 다른 사람들로부터 존중받으며 살았습니까?
2. 나는 오늘 새로운 것을 배웠습니까?
3. 나는 오늘 선행을 베풀며 살았습니까?
4. 나는 오늘 외로움을 느끼고 우울하진 않았습니까?
5. 나는 오늘을 주도적으로 살았습니까?
6. 나는 오늘 나의 일을 신나게 하면서 살았습니까?
7. 나는 오늘 고마운 사람이 있습니까?
8. 나는 지금 신뢰할 만한 사람이 있습니까?

인류 역사상 사람이 이렇게 오래 산 적이 없다고 한다. 19세기에는 평균 수명이 40세 정도였지만, 지금은 80세를 넘어섰고, 앞으로는 100세를 산다고 한다. 긴 인생이 기다리고 있다. 현재 지천명(知天命)을 지나 미지의 영역에 서 있다. 그래서 '앞으로의 인생을 어떻게 살아가야 할까?' 잠시 생각해 본다.

먼저 삶에 대한 인식전환이 필요하겠다. 여태까지의 삶은 열심히 일하면 행복하고 성공할 수 있는, 어느 정도 예측이 가능한 삶이었다고 해도 과언이 아니다. 그러나 오늘날은 어떠한가? 세상이 복

잡해지고 다원화되면서 삶을 예측하기 어려워졌다. 삶이 어느 순간 어떻게 흘러갈지 알기 어렵다. 따라서 속단은 금물이다. **적지 않은 나이지만 도전, 아픔, 실패가 여전히 앞날에 존재한다** 생각하며, 계속 부딪히며 살아가야겠다.

그나마 다행인 것은 세상을 살아오면서 많은 직간접적인 경험을 했고, 그를 바탕으로 쌓은 경륜으로 어느 정도 예측하며 통제하는 삶이 가능하다는 점이다. 젊은 시절보다 그래도 나은 점이 있다면 바로 이 점일 것이다.

앞으로는 내가 내 인생의 주인공으로서 당당히 살아가고자 한다. 나이가 들어가면서 어쩌면 더 힘들 수도 있고, 더 외로울 수도 있다. 그러나 익숙해져야 한다. 힘들 때 기회라는 생각으로 이겨내고, 외로울 때 내 자신과 최고의 시간을 보낼 것이다. 고통과 외로움은 자기 자신을 돌아보게 하는 계기가 된다. 그때 '여기가 내 위치가 맞는가?' 질문하면서 스스로를 돌아보자. 그리고 GO할 것인지, STOP할 것인지 과감하게 결단하자.

나이가 들어갈수록 더 행복해지고 싶다. "젊어서 고생은 사서도 한다"라는 말을 믿고 살아왔다. 그러나 이제는 진정한 '워라벨'이 되도록 일과 삶의 균형을 맞추며 살아야겠다. '워라벨'은 '워크 앤 라이프 밸런스(Work and Life Balance)'의 줄임말로, '일과 삶의 균형'을 뜻한다. **일에만 파묻혀 살지 말고 일도 하고 개인적인 삶도 누리**

며 여유롭게 살아가자는 의미를 담고 있는 말이다.

우리나라에서는 최근 몇 년 전부터 이 '워라벨'이 주목받기 시작했다. 그런데 영미권에서는 1970년대부터 등장한 개념이라고 한다. 우리가 한창 산업개발을 목표로 일만 하고 살던 시기 서양 사람들은 삶의 여유를 찾기 시작한 것이다.

발전 정도나 문화적 특성상 어쩔 수 없는 현상이겠지만, 뒤늦게라도 한국에서 '워라벨'의 가치를 추구하기 시작한 것은 다행이라고 판단된다. 이 시대의 어른으로서 젊은 세대들에게, 자녀들에게 일만하는 삶을 물려주는 것은 바람직하지 않다. 그러므로 기성세대부터 워라벨을 실천하는 삶을 몸소 보여줄 필요가 있다. 그러한 문화가 정착되도록 앞장서야 할 책임이 있다. 우리의 자녀들이 좋은 나라에서 행복하기 살기를 바란다면.

워라벨을 추구하는 나는 세상 속에서 허둥지둥 살아온 나를 버리고, 진짜 하고 싶은 것을 하면서 살아가야겠다. 요즘 주변에서, 또 미디어에서 나이가 들어 꿈꿨던 창업을 한 사람, 새로운 학문을 시작한 사람, 지구 끝에서 봉사하는 사람, 새로운 세상으로 여행하는 사람, 새로운 취미를 추구하는 사람, 버킷리스트를 만들어 추진하는 사람 등을 종종 본다. 모두 멋지게 살아가는 사람들이다. 나도 그들의 삶을 거울삼아 살아가야겠다.

나이가 들어가고 세월을 막을 수 없음을 인정해야 하는 현실은 안타깝다. 그러나 안타까워하고 있을 수만은 없다. 나이가 들어 **인**

생은 자신이 선택해서 걸어갈 수 있다는 것을 깨달았다. 그 깨달음이 감사하다. 나는 여태껏 걸어왔던 것보다 더 멋지게 걸어갈 것이다. 내 인생의 주인공으로 '찐 인생'을 살아갈 것이다.

내일을 위한
지혜

문> 돈이면 다 될까요?

답> 아닙니다. 일이 있어야 됩니다.

문> 노후에는 자산만 많으면 될까요?

답> 아닙니다. 당장 쓸 수 있는 현금을 잘 관리해야 합니다.

문> 생활비만 있으면 될까요?

답> 아닙니다. 의료비도 필요합니다. 또한 나보다 10년을 더 살지
모를 배우자를 위해서 저축하는 것도 중요합니다.

문> 아랫사람들에게 경험이 많은 내가 가르쳐야 할까요?

답> 아닙니다. 이야기를 많이 들어주되 잔소리는 하지 말아야 합니다.

문> 돈 관리만 잘하면 될까요?

답> 아닙니다. 시간 관리도 잘해야 합니다. 또한 돈 관리에는 부채
관리도 포함됩니다.

문> 남편의 경우 아내가 차려주는 밥을 잘 먹기만 하면 될까요?

답> 아닙니다. 스스로 요리하고, 잘 챙겨 먹어야 합니다.

문> 자녀에게 의지해야 할까요?

답> 아닙니다. 스스로 해결하고, 독립적이어야 합니다.

문> 지금까지 하던 대로 하고 살면 될까요?

답> 아닙니다. 새로운 기술이나 문화를 열심히 배워야 합니다.

문> 혼자만 잘 살면 될까요?

답> 아닙니다. 가족, 친구, 이웃과 함께 즐기며 살아가는 방법을 알아야 합니다.

문> 집 근처에서 안전하게 살면 될까요?

답> 아닙니다. 취미생활을 하고, 가끔 먼 곳으로 여행도 가는 것이 좋습니다.

이 문답은 나이 들면 어떻게 살아야 하는지에 관해 어르신들이 하신 말씀이다. 내가 들은 말씀을 문답식으로 정리한 것이다. '문'의 항목이 과거 어르신들의 가치관이었다면, '답'의 항목은 요즘 어르신들의 가치관이라고 보아도 무방하다. 세상은 변했고, 또 빠르게 변화하고 있다. 따라서 노년의 삶에도 변화가 요구되는 것은 어쩔 수 없다.

오래전부터 노인복지회관과 마을 어머니회에서 급식 봉사를 하고 있다. 어르신들과 대화하면서 많은 지혜를 배운다. 그런데 어르신들께서 공통적으로 하시는 걱정이 있다. **너무 오래 살아서, 앞으로 더 오래 살 것 같아서, 모두 걱정하고 계신다. 오래 사는 것은 축복인데도 장수로 인해서 오히려 걱정이 많아진다고 하신다.**

오래 살면 우선 일거리가 떨어진다. 일이 없어지면 당연히 수입도 없어지니, 돈 걱정에 얽매인다. 여기저기가 아파 병원에 들락거리다보니 비싼 병원비도 걱정거리다. 자식들도 먹고 살기가 빠듯한데 부모로서 자식에게 부담을 주게 되어 마음이 불편하다. 대부분의 어르신들이 공통적으로 하는 하소연이다.

어떤 분은 삼식이인 남편이 힘들다고 하시고, 어떤 분은 혼자라서 외롭다고도 하신다. 어르신들의 걱정을 알게 되면서 나도 적잖이 걱정이 밀려온다. 다행히 그 걱정을 자양분 삼아 어떻게 살아가야 할지, 무엇을 준비해야 할지, 미래를 준비하는 지혜를 짜낸다.

우선 **장수를 맞이할 경제적인 준비가 되어야 한다.** 퇴직하면 노후 기간이 40년 이상 된다고 한다. 따라서 노후의 안정된 생활이 가능하도록 현재 소득의 60% 수준은 되도록 자산을 준비해야 하고, 건강 리스크에 대비하여 필요한 보험을 잘 가입해 두어야 한다.

또한 남자라면 은퇴 후에 부부가 함께 살아갈 30년과 아내 홀로 10년 정도 더 살 것을 예상하여 간병비 등 필요한 비용을 마련해두어야 한다. 장성한 자녀들이 있다면 결혼과 독립을 위한 비용도 추가하여 따로 준비해 두어야 한다.

아울러 **독립적인 생활이 가능하도록 대비해야 한다.** 우선 아내를 가사에서 멀어지게 도와주자. 식사 준비, 설거지, 청소 같은 자질구레한, 하지만 생활에 꼭 필요한 가사는 아내가 해주기를 바라지 말고 직접 하자. 아내의 시간이 많아지면 함께하는 시간이 많아지게 되고, 즐거워진다. 아내가 주방에서 해방될수록 부부는 더 행복해진다고 하는데, 허무맹랑한 소리가 아니다.

그런데 같이 있는 시간이 많아지면 서로 부딪칠 일도 많아지고, 그래서 서로 잔소리도 심해진다고 한다. 조심해야 할 일이다. 잔소리는 사랑을 갉아먹는다. 한 번 더 생각하고 말하도록 주의해야 하겠다.

미래에는 의료와 위생, 복지가 좋아져 수명이 더 길어질 것이다. 지금도 이들 덕분에 평균수명이 늘어난 것은 분명한 사실이다. 긴 시간을 건강하게 살아갈 대비를 해야 한다. 그러기 위해서는 먼저 운동을 습관화해야 한다. 그리고 새로운 분야를 찾아 평생 배움을 해나가야 한다. 배움은 사람을 움직이게 만드는 동력을 제공한다. 그 동력은 건강한 삶의 밑바탕이 된다.

무엇보다 인생을 후회하지 않도록 다른 사람의 기대에 맞추어 살기보다 '나'에게 더 집중하며 살도록 해야 하겠다. 그러려면 일에 파묻혀 쳇바퀴 돌 듯 살기보다는 가족, 친구, 동료, 이웃 등 소중한 사람을 돌아보는 것이 도움이 된다. 그들과 더 많은 시간을 보내고 추억을 만들면 행복이 가까이 온다. 그 행복이 '나'를 풍요롭게 만든다.

누구나 멋진 삶을 꿈꾼다. 남녀노소 예외가 아닐 것이다. 젊었을 때 멋지게 살았는지 자신이 없는 나는 지금부터라도 멋지게 살고 싶다. 그러지 못하면 노년에 땅을 치고 후회할지도 모르겠다. 그런 사태를 방지하기 위해 멋지게 사는 방법을 나름 고민해보았다.

삶을 멋지게 꾸려가는 법

1. 근심, 걱정을 버리고, 밝은 생각을 갖는다.
2. 검소하게 만족하며 살아간다.
3. 타인을 웃는 얼굴로 대한다.
4. 타인에게 의존하지 말고, 자기의 삶을 스스로 움직여 나간다.
5. 체면이란 올가미로 자신을 옭아매지 않는다.
6. 자기감정에 솔직하고, 정직하게 살아간다.
7. 나 혼자 움켜쥐지 말고, 나누며 살아간다.
8. 상상만 하지 말고, 자신을 믿고 행동한다.
9. 좋은 습관은 꾸준하게 기르고, 나쁜 습관은 버린다.
10. 사소하고 쓸데없는 일로 고민하지 않는다.
11. 목표는 크게 잡고, 계획은 치밀하게 세운다.
12. 시간을 소중하게 계획적으로 사용한다.
13. 신앙을 가지고 가치있게 살아간다.

보잘것없는 봉사활동이지만 어르신들과 함께 하면서 많은 점을 배우고 느낀다. 그럴수록 **행복하게 사는 것이 최고라는 생각이 든다. 그래서 나는 웃으려고 한다. 오늘도 웃고, 내일은 더 많이 웃으며 살고 싶다.** 그렇게 아름답게, 멋지게 미래를 만들어가고 싶다.

Chapter 2

딸에게,
지혜와 행복을
응원하며

딸들과
통하고 싶다

딸들은 무슨 생각을 하며 살까?

딸들과 말이 잘 안 통한다. 답답하다. 딸들이 이 세상을 잘 살아낼 것인지, 그 믿음마저 부족해서 늘 조바심내면서 살고 있다. 그런 내가 또 답답하다. 왜 아버지인 나는 답답하게 살아갈까?

아이들은 태어날 때부터 독립한다. 엄마와 이어진 탯줄이 잘리는 순간부터 엄연한 독립체가 된다. 따라서 부모의 보호 속에 있으면서도 독립을 꿈꾸는 것은 본능일지 모른다. 그런 자녀들은 어릴 때부터 간섭받기 싫어한다. 부모 품에 안기면서도 자유로워지려는 욕망을 품고 있다. 이것이 부모 입장에서는 자녀가 다른 마음을 갖고 있는 것처럼 느껴지기도 한다. 그 느낌을 받는 순간부터 부모와 자녀의 관계는 거리감이 생기면서 꼬일 가능성이 높다.

부모에게는 자녀를 향한 본능이 있다. 보호본능이다. 보통의 부모라면 이 보호본능에 충실해서 자녀를 아기 때부터 금이야 옥이야 보살핀다. 그런데 자녀는 성장하면서 점점 부모의 애정 넘치는 보호와 보살핌을 간섭으로 생각하고 싫어한다. 독립 여건이 갖추어져 있지 않아서 부모의 품을, 평안하면서도 속박을 주는 그 울타리를 넘어가지 못할 뿐이다. 그래서 가끔 삐딱한 태도를 보이기도 한다. 심해지면 무례한 말을 던지거나 거친 반항을 할 때도 있다. 부모가 이를 예민하게 감지하고 민첩하게 대응책을 마련하면 관계가 망가지는 것을 막을 수 있다.

그러나 부모도 사람이다. 생계를 위한 고단한 삶과 자녀를 돌보느라 지친 감정이 보상심리로 이어져서 대응책을 도모할 마음을 갖지 못한다. 반사적으로 자녀를 더 억누르려는 행동을 보인다. 심하면 자녀를 구속하려 들기도 한다. 이런 상황이 반복되면 부모와 자식 간에는 거리감이 생겨난다. 한 번 생겨난 거리감은 좀처럼 좁히기 어렵다. 거리감은 점점 넓어지다가 결국 소통의 단절을 불러온다.

자녀들은 아직 어리다. 그래서 판단력이 부족하고 즉흥적이므로 자칫 스스로를 그르칠 수도 있다. 나쁜 친구들과 휩쓸리기도 하고, 가출과 일탈을 하고, 오랜 시간 갈피를 못 잡고 방황할 수도 있다. 이런 상황에서 부모와의 대화가 단절된다면 자녀들은 어떻게 되겠는가?

부모는 반항적인 태도를 보이는 자녀를 구속해서도 안 되지만, 포기해서도 안 된다. **자녀와의 끈을 끝까지 붙들고 대화하고 소통**

해야 한다. 지속적인 인내심으로 단단히 무장해야 한다. 그리고 자녀와 적당한 거리를 두면서 묵묵히 지켜보아야 한다. 참고 견디고 때를 기다려 소통해야 한다.

자녀와 소통하기 위해 가장 중요한 점은 자녀는 '나'와 다르다는 현실을 인정하는 것이다. 자녀가 화내고 반항하는 이유를 깊이 생각해 보고, 요즘 아이들은 부모가 성장하던 시대와는 아주 다른 시대를 산다는 것을 받아들여야 한다. 우리와 완전히 다른 세상을 100세까지, 아니 그 이상 살아갈 자녀들이므로 충분히 기다려 주어도 된다고 본다.

자녀와 부모의 다름을 인정하려면 먼저 아이들의 문화를 이해하려고 접근하는 것이 좋다. 자녀와 함께 영화를 보고, 음악을 듣고, 연예인 이야기도 나누어 보자. SNS와도 친숙해지자. 그러면 자녀와 공감하고, 대화와 소통이 더 깊어질 수 있는 계기가 마련될 것이다. 운 좋으면 자녀가 먼저 다가오는 일도 생길 수 있다.

가끔 가족이 함께 외출하는 일에도 힘을 써보자. 멀리 가지 않아도 된다. 근교로 나가서 맛있는 식사를 하고, 분위기 좋은 카페에서 차를 마시는 것만으로도 충분하다. 막힌 공간인 집에서의 대화는 충돌을 일으킬 위험이 크지만, 밖으로 나가면 그 위험이 줄어든다. 탁 트인 공간은 누구에게나 마음의 여유를 안겨준다. 따라서 자녀들의 목소리를 들을 수 있을 확률이 높아진다. 자녀들이 부모의 언어에 집중하는 효과를 경험하게 될 확률 또한 높아진다.

자녀를 훈육할 때는 사랑과 신뢰가 바탕이 되어야 한다. 이를 모르는 부모는 없을 것이다. 그런데 구체적인 훈육 방법을 모르는 부모가 적지 않은 듯하다. 그들을 위해 사랑과 신뢰의 훈육법에 대해 이야기하고자 한다.

무엇보다 우선되어야 하는 것은 행동이다. 부모는 말로 훈계하고 지도하기보다 몸소 실천하며 삶으로 보여야 한다. 그러려면 평소 일관성 있게 행동하는 것이 중요하다.

훈계할 때는 '실수'와 '잘못'을 구별해야 한다. 자녀에게 그 행동이 '실수'인지 '잘못'인지 똑똑히 알게 하는 것이 좋다. 잘못이라면 인자하면서도 따끔하게 훈계를 하고, 실수라면 너그럽게 용서하기를 권한다. 또한 훈계는 가능하면 엄마가 하는 것이 좋다. 아빠와 엄마는 어쩔 수 없이 역할이 구분되는 면이 있다. 아이에게 엄마는 품어주는 존재, 아빠는 질서를 세우는 존재로 자리 잡는 것이 아직까지는 보편적이다. 따라서 품어주는 존재의 훈계를 보다 열린 마음으로 받아들일 가능성이 높다. 혹시 훈계에 상처를 입더라도 금방 아물게 된다. 질서를 세우는 존재의 훈계는 그 무게감이 더할 수밖에 없다.

한편 배우자가 자녀를 훈계할 때 설령 자신의 생각과 다른 섬이 있더라도 그 자리에서 자녀 편을 들어서는 곤란하다. 일단 훈계의 현장에서는 묵묵히 지켜보는 것이 바람직하다. 나중에 현장의 열기가 사라진 뒤 자녀가 없는 다른 장소에서 배우자와 견해의 차이에 대해 이야기를 나누도록 한다.

부부 중 누가 자녀를 훈계하든 훈계 후에는 반드시 자녀의 감정을 다독여줄 필요가 있다. 이때 살며시 안아주는 것도 좋다. 감정을 치유 받은 자녀는 부모의 훈계에 사랑이 바탕이 되어 있음을 인지하고 그 훈계를 받아들이게 된다.

나는 개인적으로 자녀를 매로 다스리는 것은 반대한다. 사랑의 매라는 구실로, 혹은 핑계로 회초리를 들지 않기 바란다. 체벌은 부모에게 손쉬운 훈계 수단일 수 있다. 사실 효과도 금방 나타난다. 자녀가 매를 맞은 뒤 잘못을 고치는 경우가 많기 때문이다. 그러나 마음에서 우러나는 순종을 기대하기는 어렵다. 그야말로 '매가 겁나서' 부모 말을 듣는 것뿐이다. 이런 자녀에게 능동적인 성격을 기대하기는 어렵다.

부모도 실수한다. 어쩌면 어린 자녀보다 더 많이 실수할지도 모른다. **양육 면에서는 당연히 실수투성이이다. 자녀를 키우는 데 있어 부모는 대체로 아마추어다.** 자녀를 열댓 명을 키우면 모를까 두세 명을 키운다고 프로가 되기는 어렵다. 따라서 부모는 자녀에게 실수를 인정할 줄 알아야 한다. 자녀에게 잘못한 점이 있다면 더더욱 인정에 인색해서는 안 된다.

사랑과 신뢰의 훈육법에 대해 몇 가지 이야기했다. 동의하는 사람도, 반대하는 사람도 있을 것이다. 그러나 나는 믿는다. 이러한 훈육법은 자녀들에게서 사랑과 신뢰를 불러온다고 말이다. 부모가 자녀들로부터 사랑과 신뢰를 받으면 훈육은 행복해진다. 가정에는 소통이 넘친다.

가수 양희은의 〈엄마가 딸에게〉란 노래가 있다. 노랫말을 접하는 사람마다 느낌이 다르겠지만, 딸과 소통하지 못했던 엄마의 후회와 반성이 묻어난다. 특별히 "내가 좀 더 좋은 엄마가 되지 못했던 걸 용서해줄 수 있겠니"라는 구절은 부모된 사람이라면 새겨둘 필요가 있다. 먼 훗날 자녀에게 용서를 구하는 날이 오지 않도록 평소 소통에 충실하라는 의미로 받아들이기를 바란다. 아빠된 사람은 '엄마'라는 단어를 '아빠'로만 바꿔 그대로 대입하면 된다.

세상은 자녀들에게 "있을 때 잘해"라고 하지만, 부모도 자녀에게 있을 때 잘해야 된다. 품안에 있는 시간은 길지 않다. 소통할 수 있는 시간은 짧다. 장차 자녀가 장성했을 때 서로 마주보며 이런 대화를 나누기를 간절히 바란다.

"엄마(아빠)는 내 마음을 알아주는 좋은 엄마(아빠)였어요."

"너는 엄마(아빠)를 믿고 따르는 훌륭한 딸(아들)이었단다."

나에게도 딸들과 이런 대화를 나눌 날이 올 수 있을까? 그날을 위해 오늘 딸과 소통해야겠다.

완벽을 위한
제자리걸음보다
한 걸음 앞으로

나는 하고 싶은 일들이 참 많다. 이것도 하고 싶고, 저것도 하고 싶다. 그런데 오늘 또 이렇게 하루가 간다. 하고 싶은 일들은 많은데 선뜻 시작도 못 해보고, 또 이렇게 하루하루 시간만 보내게 된다. 왜 그럴까? 어쩌면 망설임 때문이 아닐까? 그리고 그 망설임은 나만의 것일까? 아마도 많은 사람들이 나와 비슷한 증상을 갖고 있으리라 추측된다.

일의 시작을 가로막는 망설임. 그것은 완벽을 꿈꾸는 마음에서 비롯된다고 생각된다. 완벽하게 준비해야만 성공적인 결과를 얻을 수 있겠다는 마음에, 준비가 허술하면 손해와 피해만 입을 거라는 두려움에 하고 싶은 일을 시작도 못 하게 되는 것 같다. 비록 **준비가 완벽하지 않더라도 일단 시작만 해도 할 수 있는 일이 많은데도 말이다.**

조금 맥이 풀리는 이야기일지도 모르지만, 본인이 완벽하게 준비하고 또 완벽하게 해냈다고 해서 그것이 정말로 완벽하지 않을 수도 있다. 다른 사람의 눈에는 허점투성이로 보일 수도 있다는 이야기다. 직장생활에서도 가끔 경험하지 않는가? 본인이 완벽하다고 느낀 보고서가 경험 많은 상급자에게 부실한 보고서로 평가받는 경우 말이다. 완벽을 추구하려다 정작 황금 같은 시기를 놓칠 수도 있다. 또한 타인에게 기회를 뺏길 수도 있다. 그러므로 때로는 조금 미흡하더라도 과감하게 시도하는 모험 정신이 필요하다.

언젠가 스키를 배운 적이 있었다. 강습 초기에 강사가 말했다.

"스키를 다치지 않고 잘 타려면 잘 넘어져야 합니다."

넘어질 각오부터 하고 강습에 임하라는 주문이었다. 여러 번 넘어져야 요령이 생겨 나중에 안 넘어지고 잘 타게 된다는 메시지였다. 그런데 스키를 처음 배우면서 완벽해지려는 마음에 안 넘어지려고 기를 쓰면 어찌 되겠는가? 천부적으로 소질을 타고난 사람이 아니라면 스키 실력이 잘 늘지 않을 것이다. 나중에 넘어졌을 때 더 크게 다칠지도 모른다.

이 경우를 보더라도 어쩌면 완벽하게 준비해서 일을 잘하겠다는 마음은 환상일지도 모른다. 어떤 일은 단번에 성공할 수도 있지만, 실패를 겪으면서 학습하고 경험을 쌓으면 그 성공의 크기는 더 커질 수 있다. 어차피 성공과 실패의 확률은 각각 50퍼센트이다. 두려워말고 도전하자.

두려움을 떨치고, 또한 완전하지 않은 상태에서 도전해 성공한 사례가 동티모르에서 있었다. 때는 2004년, 그 주인공들은 동티모르의 어린 소년들이다.

　　2004년 국제유소년축구대회가 열렸다. 우승은 동티모르의 차지였다. 축구선수 육성 체계가 전무하다시피 한 동티모르, 그 나라의 빈민가 소년들이 6전 전승의 기록으로 우승컵을 안은 것이다. 기적에 가까운 결과였다.

　　더구나 그 소년들은 식민지의 고통과 내전의 아픔까지 몸소 체험한 소년들이었다. 그런 악조건 속에서 이루어낸 성과는 '기적'이라는 단어로는 다 표현할 수 없는 것이었다. 소년들은 가난한 형편에 축구화도 마련할 수 없었다. 축구의 체계가 세워지지 않은 나라인지라 변변한 축구장도 없었다. 그들은 맨땅에서 맨발로 공을 차며 미래를 꿈꾸었다. 축구는 소년들의 미래였다. 소년들은 미래를 바라보며 '완벽'과는 너무나도 거리가 먼 상태에서 오직 도전에만 몰두했다. 그리고 그 결과는 정말 창대했다.

　　누구나 축구 황제 펠레를 알 것이다. 펠레 역시 골목과 모래밭에서 맨발로 공을 차며 축구선수의 꿈을 키웠다고 한다. 준비된 것은 오직 '맨발'뿐이었다. 지금도 브라질의 가난한 소년들은 펠레 같은 축구선수를 꿈꾸며 맨발로 맨땅을 누빈다고 한다. 그들에게 '완벽'이라는 단어는 별 의미가 없어 보인다. 훗날 진짜 축구선수가 되어 완벽한 선수로 남기 위해 노력할 때, 그제야 큰 의미로 다가오지 않을까?

배우고 싶은 것, 하고 싶은 일이 있는가? 그렇다면 '완벽'이란 단어부터 덜어내자. 처음부터 완벽하려고만 한다면 시작의 문턱에서 머뭇거리게 될 가능성이 높다. 그러다 때를 놓쳐서 후회로 이어지기 쉽다. <u>배우고 싶은 것, 하고 싶은 일이 있다면 바로 시작해보자.</u>

단, 여러 가지를 동시에 시작하는 것은 지양하기를 바란다. 가장 원하는 것 한 가지를 정해 시작하는 것이 낫다. 한 가지를 정하면 어설프더라도 바로 시작하자. 설령 후회가 되더라도 망설이다가 찾아오는 후회보다는 덜 아플 것이다.

조금 다른 방향의 이야기이지만, '완벽'이라는 단어는 가족관계에도 적용될 수 있다고 본다.

사람은 살아가면서 실수가 있기 마련이다. 문제가 생겼다면 초기에 가족 구성원들에게 솔직히 털어놓고 상의하는 것이 좋다. 물론 가족에게 짐이 된다는 생각에 선뜻 꺼내놓지는 못할 것이다. 그래서 가족에게 알리지 않고 스스로 해결해 보려고 혼자서 잘 마무리 지으려고 애를 쓴다. 하지만 그러다가 주체할 수 없는 상황으로 번지기도 한다. 그때가 되면 가족의 피해와 고통은 더 커지기 십상이다. 가족과 상의하면 의외로 쉽게 해결될 수 있는 경우가 많다.

가족은 피를 나눈 사이며 감싸고 돕기 위한 조직이다. 눈치 볼 필요 없다. 가족에게 누를 끼치지 않기 위해 최선을 다해 살면 된다. 그러다가 벌어진 사고와 실수는 어쩔 수 없다. 가족이라면 그것을 이해한다. 이해를 바탕으로 한 가족관계 안에서 어려운 문제를 해결해나가는 것이 현명한 삶이다.

독서,
행복을 위한 투자

한 장수가 군대를 이끌고 이동하다가 강을 만났다. 강을 건너야 하는데 시간이 촉박했다. 그는 옛 시 한 구절을 기억해냈다. "시냇물이 얕을수록 소리가 요란하다"라는 구절이었다. 장수는 서둘러 물소리에 귀를 기울여 강의 얕은 지점을 찾아냈다. 옛 시는 틀리지 않았다. 장수와 군사들은 무사히 강을 건널 수 있었다. 사기가 오른 그의 군대는 결국 전투를 승리로 이끌었다.

독서의 힘을 알 수 있는 고사이다. 만약 그 장수가 옛 시를 읽지 않았더라면 그는 강물을 바라보며 발만 동동 구르다가 싸워보지 못하고 패전했을지도 모른다.

독서는 어떤 새로운 일을 도모할 때 창의적인 아이디어를 발휘하게 한다. 장수에게 강을 건너는 일은 새로운 일이었고, 물소리로 강의 얕은 곳을 찾아내려는 생각은 창의적인 아이디어였다. **독서는 일차적으로 지식을 주지만, 이처럼 지혜도 준다. 독서로 쌓은 지**

식과 지혜는 어떤 문제에 부딪쳤을 때 최선의 해결책을 끄집어낸다. 독서의 힘을 믿고 독서에 힘쓰자. 복잡하고, 다양하고, 속도마저 빠른 현대 사회에서는 당면한 문제를 직관적으로 해결해야 할 경우가 자주 생긴다. 문제들이 단답형의 단순한 형태로 다가오는 경우가 드물다. 직관을 키우는 데 독서만큼 좋은 것이 있을까? 나는 없다고 본다.

오늘날 성공한 사람 가운데 독서를 게을리 한 사람은 극소수일 것이다. 대부분 독서에 열심이었다. 세계적인 투자의 귀재 워렌 버핏은 16세 때부터 수백 권의 독서를 했다고 한다. 소프트뱅크 그룹의 회장 손정의는 이십대에 3천여 권의 책을 읽었다고 한다. 삼성이건희도 성공하려면 지식 1톤(1권 500그램, 약 2천 권)이 필요하다며 1달에 20권 이상의 독서를 했다고 전해진다. 이들처럼 성공가의 반열에 오르려면 적어도 책부터 손에 들어야 하지 않을까 싶다.

책을 사는 것을 재테크라 생각하자. 행복에 투자하는 것으로 여기고, 급여의 5% 정도는 책을 사는 데 소비하기를 권한다. 그것이 부담스럽다면 한 달에 2권 정도라도 반드시 책을 사도록 하자. 책을 사면 돈이 아까워서라도 책장에 처박아둘 가능성이 줄어들기 때문이다. 또한 아무래도 한 번이라도 더 들여다보게 된다.

처음부터 어려운 책은 금물이다. 너무 두꺼운 책도 자제하는 것이 좋다. 처음에는 읽기 쉽고, 얇고, 흥미 있는 책을 선택한다. 뛰기 위해 걸음마부터 시작하는 것과 같은 이치다. 그런 책부터 시작하면 독서에 흥미를 붙이기 쉽다. 책을 읽는 데 재미가 생기면 집중력부터 향상된다. 점차 지식도 쌓이고, 쌓인 지식들을 바탕으로 지혜까지 발휘하게 된다. 그런 일이 생기면 스스로가 대견스러워지는 행복을 맛볼 수 있을 것이다.

가능하다면 눈으로만 쓱 읽지 말고, 밑줄도 치고, 책의 내용을 정리도 하는 **적극적인 독서를 해보자.** 시간을 내서 독후감까지 쓴다면 더욱 좋다. 물론 가장 좋은 것은 책에서 습득한 것을 실생활에서 직접 실행에 옮기는 것이다.

책을 살 때는 서점으로 가자. 온라인 서점에서 책을 사도 무방하지만 가능하다면 오프라인 서점으로 가자. 그곳에서 책 냄새를 맡고, 책을 읽는 사람들을 보며 독서의 분위기에 취해보자. 한결 책과 친밀해질 수 있을 것이다. 혼자 가도 좋고, 함께 가도 좋다. 친한 사람, 사랑하는 사람과 가면 더욱 좋다. 동행한 이와 함께 책을 골라 보고, 펼쳐보면서 자연스럽게 대화를 나눠보자. 책을 보는 눈이 한층 깊어질 것이다.

부모라면 자녀들과 같이 서점을 들러보는 것도 좋다. 요즘 큰 서점에는 볼 것, 즐길 것이 참 많다. 책을 싫어하는 자녀에게 서점과 친해질 수 있는 계기를 마련해줄 수 있다. 서점과 친해지면 결국 책과도 친해질 확률이 높아진다. 조그만 헌책방도 괜찮다. 그곳에서 추억을 소환하는 보물같이 재미있는 책을 발견할 수도 있을 것이다. 그 경험을 자녀에게 알려주는 것은 살아 있는 교육이 될 것이다.

"아는 것만큼 보인다"라는 말이 있다. 맞는 말이다. 책을 읽으면, 읽는 만큼 보게 될 것이다. 책을 읽는 사람은 지식의 양에 비례하여 지혜롭게 살아갈 수 있게 된다.

독서는 인격 수양에도 큰 도움이 된다. 속에서 돋는 '가시'를 억제하고, 침착하고 차분해지는 인격적 성숙을 가져온다. 구국의 영웅 안중근 의사가 "하루라도 책을 읽지 않으면 입안에 가시가 돋친다"라고 했는데, 그 말은 곧 독서를 통한 인격 수양을 강조한 말이다.

이와 같이 독서에는 장점이 많다. 책을 멀리하는 삶은 행복과 가까워질 기회도 그만큼 멀어지는 삶이다. 명심하자. 책은 행복을 위한 투자라는 사실을. 독서는 최고의 '행복 재테크' 수단이라는 상식을.

사소함으로
인생을
바꾼다

필립 짐바로스 교수의 '깨진 유리창 이론'에 참 동의한다. 필립 짐바로스 교수는 차량 두 대로 실험을 했다. 한 대는 새 차인 상태 그대로, 다른 한 대는 유리창에 작은 구멍을 내어 뒷골목에 주차를 해두었다. 몇 주가 지난 후 차량의 상태를 점검했다. 그런데 의외의 결과가 나타났다. 새 차는 그대로 새 차의 상태를 유지했지만, 유리창에 작은 구멍을 낸 차량은 폐차 수준으로 변해 있었던 것이다. **초기 조건의 작은 차이가 최종 상태에서는 매우 커다란 차이를 가져온다는** 이론을 뒷받침하는 결과였다.

본 실험의 결과를 접하고 좀 더 디테일하게 살아야겠다는 생각을 했다. 사소한 것에도 섬세하게 접근할 때 좋은 결과를 얻을 가능성이 높아진다. 그리고 좀 더 배려하며 살아야겠다는 다짐도 했다. 배려하는 삶은 최종적으로는 자기 자신에게 행복을 안긴다.

잠깐 환경 이야기를 꺼낸다. 지금 세계는 지구온난화로 큰 고민을 앓고 있다고 한다. 100년 만에 지구의 온도가 0.5도 정도 상승했다고 한다. 언뜻 별것 아닌 것처럼 느껴진다. '0.5'라는 수가 주는 느낌 때문이다. 그런데 이 정도 온도 변화에 북극곰은 멸종 위기에, 몰디브는 해수면 상승으로 수몰 위기에 놓였다. 몽골은 90% 이상이 사막화되어 삶의 터전을 잃어가고 있다고 한다. 조그만 온도 차이가 예기치 못한 큰 불행을 가져오고 있는 것이다. 만약 1도가 오른다면 그 피해는 지금보다 훨씬 커진다. 경각심을 가져야 할 일이다. 이를 외면하고 환경 보호에 힘쓰지 않는다면, "초기 조건의 작은 차이가 최종 상태에서는 매우 커다란 차이를 가져오는 끔찍한 결과"를 감수해야 할 것이다.

사소한 차이가 행운을 가져오기도 한다. 러시아 최초 유인우주선 보스토크에서 우주인을 선발하게 되었다. 우주선 설계자는 최종 선발된 20명을 우주선에 탑승시켰다. 그런데 어떤 한 사람이 우주선에 탑승할 때 신발을 벗고 탑승하는 것이었다. 우주선을 아끼는 그 마음을 확인하고 설계자는 그 사람을 우주인으로 최종 선발했다고 한다. 그는 바로 우리가 잘 아는 유리 가가린이다.

미국의 어느 백화점에 페리라는 청년이 일하고 있었다. 말단 직원인 그는 비가 오던 그날에도 평소처럼 부지런히 일하고 있었다. 그런데 비를 흠뻑 맞은 한 노부인이 비를 피해 백화점 안으로 들어섰다. 비를 맞아 추레해진 노부인에게 백화점 직원 그 누구도 관심을 주지 않았다. 페리는 측은함을 느끼고 노부인을 매장 안으로 맞아들여 의자에 앉혔다. 그리고 따뜻한 차도 한 잔 대접했다.

몇 달 후 백화점 사장 앞으로 편지 한 통이 날아왔다. 편지에는 언젠가 길을 잃고 비를 맞으며 떨고 있던 자신을 페리라는 직원이 친절하게 대해주어 매우 감사했다는 글이 적혀 있었다. 그런데 이게 끝이 아니었다. 백화점의 물품을 2년간 구매할 테니 계약을 맺자며, 단, 거래담당자는 페리로 정하겠다는 내용도 들어 있었다. 백화점에게나 페리에게나 대박 사건이었다. 이후 백화점은 매출이 껑충 뛰었고, 말단 직원이었던 페리는 백화점의 중역이 되었다. 편지를 보낸 사람은 페리에게 따스한 대접을 받은 노부인이었다. 그리고 그 노부인은 바로 강철왕 카네기의 모친이었다.

유리 가가린과 페리의 사례에서 우리는 사소한 행동의 나비효과를 목격할 수 있다. 유리 가가린의 사소한 마음이, 페리의 사소한 친절은 인생을 역전시켰다. 로또만이 인생 역전을 이루어내는 것은 결코 아니다.

사소한 것을 사소한 것으로 그냥 넘겨서는 성공적인 인생을 살기 어렵다. 본 장에서는 성공 사례만 소개했지만, 사소한 것을 사소하게 여겼다가 불행을 초래하는 경우도 결코 적지 않다. 만약 지금 자신이 하는 일이 잘 안 되고 있다면, 그래서 살맛이 나지 않는다면 '사소함'에 대해 진지하게 성찰해보자. 사소한 것을 무시했다가 지금의 상황을 초래하지는 않았는지 말이다.

사소함은 어디에서든 힘을 발휘한다. 가정이라면, 청소, 빨래, 설거지, 침구 정리, 신발 정돈 등 사소한 집안일들을 열심히 해보자. 가족들에게 행복을 주고 가정에 웃음꽃이 피게 할 것이다. 또한 가족들의 사소한 표정변화까지 세세히 살피면서 말 한마디라도 친절하게 건네 보자. 건강한 가정으로 거듭날 수 있을 것이다.

직장이라면, 예쁜 화분 비치, 소화기나 구급함 비치, 휴지 줍기, 먼저 인사하기 등 조그마한 행동이 사무실의 분위기를 바꾼다. 나아가 자신의 가치를 높여준다. 가치가 높아지면 직장생활이 즐거워진다.

어디서든 하루에 한 가지라도 조그마한 친절을 베풀어보자. 마음이 뿌듯해질 것이다. 결국 그 친절은 언젠가 자신에게 되돌아올 것이다. **어떤 사소한 일이든 기쁜 마음으로 하나씩 행동에 옮겨보자. 삶이 하나씩 바뀌어갈 것이다.** '100 – 1=0'이 될 수도 있고, '100+1=∞'가 될 수도 있다. 그것은 전적으로 본인에게 달렸다.

오래 하면
달라지는 인생

무엇이든 오래 하다 보면 지겨워지거나 포기하고 싶은 상황이 올 때가 있다. 오래 하면 할수록 재미가 있는 일도 있지만, 대부분은 오래 하기가 쉽지 않은 일이다. 그러나 분명한 것은, **오래 한다는 것은 '다른 사람보다 앞설 수 있는 탁월한 능력을 가지게 되고, 최고가 될 수 있는 길'이라는 것이다.**

지금은 종영한 〈개그콘서트〉라는 코미디 프로그램에 '달인'이라는 코너가 있었다. 2007년 12월 16일부터 2011년 11월 13일까지 이어진, 개그콘서트의 최장수 코너였다. '물 안 먹기의 달인', '옷 갈아입기의 달인' 등 엉뚱한 분야의 엉뚱한 달인이 나와 펼치는 연기에 많은 사람들이 배꼽을 쥐고 웃었다.

그런데 곰곰 생각해 보면 '달인'은 가장 박수가 많이 쏟아지는 코너가 아니었을까 싶다. '달인' 역을 맡은 개그맨 김병만의 연기는 실제 달인을 연상시키기에 모자람이 없었다. 관객들과 시청자들은 그의 엉뚱한 행동에 웃으면서도 그의 피나는 노력에 박수를 보낼 수밖에 없었다. 김병만의 남다른, 그리고 꾸준한 노력이야말로 '달인'의 장수 비결일 것이다.

김병만도 코너를 이어가면서 분명 힘들었을 것이다. 때로는 그만하고 싶은 마음이 들 때도 있었을 것이다. 그러나 오래함으로써 최고가 될 수 있다는 마음으로 견뎌냈으리라 짐작된다. 어쩌면 노력이 주는 열매에 희열을 느끼면서 자신을 독려했을지도 모르겠다. 여하튼 달인 연기를 하면서 실제로 김병만은 최고의 개그맨으로 대우받았다.

지속력을 기르는 방법은 없을까? 그것은 바로 어떠한 주제를 가지고 예상되는 결과를 얻을 때까지 오랫동안 계속 반복해야 하는데, 한 번에 한 가지 일에 집중하는 것이 중요하다.

오늘날은 멀티태스킹이 강조되기도 한다. 여러 가지 일을 동시에 할 수 있는 사람이 높이 평가받는 추세이다. 그래서 멀티태스킹이 상대적으로 잘 되는 사람이 능력을 더 발휘하기도 한다. 그러나 멀티태스킹보다 고도의 집중력이 요구되는 일이 많다는 것이다. 먼저 집중력을 가지는 것이 중요하다.

청소년기에 공부를 하거나, 자기 계발을 위해서는 집중력이 요구된다. 또한 하루에 한 가지 일에 집중하는 것이 결과물의 완성도가 높은 경우가 많다. 하루에 5가지를 조금씩 해서 5일에 완성하는 것보다, 하루에 한 가지씩 일을 마무리 짓는 것이 더 완성도가 높다고 한다. 그리고 스트레스를 덜 받고, 매일 성취감을 맛보면서, 적절한 휴식을 가질 수도 있다.

'1만 시간의 법칙'에서 알 수 있듯이 큰일을 이루려면 많은 시간을 투자해야 한다. 자신의 영역에서 최고가 되려면 보통사람보다 훨씬 많은 시간을 투자해야 한다. 1만 시간은 1일 3시간이면 10년, 1일 8시간이면 3년이 걸린다. 지금도 어떤 분야에 업무를 안정적으로 수행하려면 최소 3년은 되어야 한다. 해당 분야에서 전문가로 인정을 받으려면 10년은 되어야 하지 않을까? 그리고 30년이 지나면 모두가 인정하는 최고가 될 수 있을 것이다.

한 가지 일만 오랫동안 계속하면 미련하다는 평가를 받을 수도 있다. 그러나 세상의 평가를 초월하여 지속의 효과가 발휘될 때 비로소 그 분야에서 최고가 될 수 있다. 그러나 **지속성 속에는 '집중하고 몰입해야 한다.'라는 필수조건을 잊어서는 안 된다.** 집중과 몰입은 그것을 제대로 체험할 때, 그 맛을 알고 계속할 수 있다. 이는 경험과 훈련을 통해 가능해지므로 집중과 몰입의 맛을 볼 수 있도록 스스로 기회를 만들고 노력해 나가야 한다.

빗물이 바위를 뚫는다. 긴장과 휴식을 계속 반복하면서 탁월한 능력을 갖도록 나를 만들어 보자. 포기하지 말고 오래 계속하는 것이 답이다.

라이벌은
내 친구

누구나 한 번쯤 "살면서 적을 만들지 마라"라는 말을 들어보았을 것이다. 반대로 나이 지긋한 사람이라면 낮은 연배의 사람들에게 이 말을 한 번쯤 들려주었음 직하다. 그만큼 세상을 살아가는 데 인간관계가 중요하다는 것은 누구나 알고 있기 때문일 것이다. 적은 행복하게 사는 데 도움이 되지 않는다.

그렇다면 인간관계를 좋게 하는 방법에 대해 우선 간단히 살펴보자.

좋은 인간관계를 위한 조언

1. 다른 사람의 언행을 존중한다.

  - 타인에 대한 존중은 곧 자신에 대한 존중이다.

2. 부드러운 표정으로 미소 짓는다.

  - 밝은 표정의 미소를 지으면 어디서나 환영받는다.

3. 논쟁하지 말고 겸손한 자세로 대화한다.

  - 논쟁은 갈등의 골을 깊게 만들 위험이 크다.

4. 품행과 언행을 바르게 한다.

  - 품행과 언행이 바른 사람에게서는 향기가 나며, 그 향기에 사람들이 모인다.

5. 늘 냉정함을 유지한다.

  - 작은 일에 화내지 말고, 자기의 감정을 이성적으로 통제한다.

6. 상대방을 깎아내리거나, 지나치게 높이지 않는다.

  - 진심으로 우러나오는 칭찬을 하되 지나치게 과장하지 않는다.

7. 나만 옳다는 생각을 버린다.

  - 내 주장만 고집하지 말고, 잘못은 솔직하게 시인한다.

8. 다른 사람에게는 관대하고, 자신에게는 엄격하게 대한다.

  - 타인을 비난하거나 단점을 들쑤시지 말고, 비밀도 지켜준다.

9. 대화에 신중을 기한다.

  - 상대방에게 먼저 귀 기울이고, 상황에 맞는 이야기를 한다.

10. 만남의 시기를 잘 판단한다.

  - 상대방의 감정을 잘 헤아려서 만남을 부담스러워할 때는 시기를 조정하도록 한다.

11. 약속은 반드시 지킨다.

  - 약속은 신뢰의 필수 조건이다. 약속을 어기면, 인간관계는 깨지기 쉽다.

오래전에 본 영화 〈MY WAY〉를 기억한다. 마라톤 라이벌 준식과 타츠오의 인생 역정을 다룬 내용이다. 준식과 타츠오는 본래 친구 사이였으나, 할아버지들의 얽힌 사연으로 적이 되고 만다. 그들은 러일전쟁에 나란히 참전하는데, 소련의 포로가 되어 다시 독일과의 전쟁에 내몰린다. 그러다 독일군에 포로로 잡히지만, 노르망디 해안에서 탈출을 감행한다. 탈출에 성공한 그들은 그리운 고향을 향해, 자유를 향해 달린다. 그리고 마침내 화해를 이룬다.

준식과 타츠오에게는 같은 꿈이 있었다. 바로 마라톤이었다. 그 꿈을 두고 둘은 적이자 라이벌이었다. '적'의 영어 표기는 'Enemy'이다. Enemy는 다음과 같이 풀어 쓸 수 있다.

en(아니다) + emy(사랑스러운 친구)

즉, 친구가 아닌 상대를 적이라 한다. 그러나 '님과 남'이 점 하나의 차이인 것처럼 '친구와 적'도 두 글자, 즉 사소한 차이가 있을 뿐이다.

결국 '친구와 라이벌'도 별반 다르지 않다. 지혜로워질 필요가 있다. 적을 라이벌로 삼는 지혜를, 라이벌을 적으로 여기지 않는 지혜를 갖는 것이 좋다. 그런 지혜는 긍정적으로 작용해 삶을 발전적인 방향으로 이끌 것이다. 상대를 적으로만 여기면 정신적인 스트레스만 쌓이고, 자신의 성장은 기대하기 어렵게 된다. 정신 건강도 해치고, 삶도 부정적인 방향으로 흘러가기 십상이다.

생각을 달리해 보자. 우선 적이라는 생각을 라이벌로 바꾸어 보자. 그 후 시간이 흐르다 보면 라이벌은 어느새 친구라는 생각으로 바뀌어 갈 것이다. 물론 라이벌은 '나'를 힘들게 하는 사람이다. 피겨 스케이팅 스타 김연아와 일본의 아사다 마오를 살펴보자. 둘은 전 세계가 인정하는 라이벌이었다. 그런데 김연아가 1위를 차지했을 때 아사다 마오는 얼마나 힘들었겠는가. 어쩌면 며칠 밤낮을 펑펑 울었을지도 모른다. 하지만 모두 알다시피 아사다 마오는 김연아를 넘어서기 위해 열심히 노력한 선수다. 라이벌 김연아에 자극받아 자신을 단련시킨 것이다. 그 결과 아사다 마오는 세계가 인정하는 훌륭한 피겨선수라고 평가받고 있다.

라이벌은 '나'를 성숙시키고, 완성시키는 사람이다. 라이벌은 어쩌면 인생의 선물일지도 모른다. 라이벌을 적으로만 여기는 것은 그 선물의 가치를 모르고 방치하는 행위나 다름없다.

한국 프로야구계에도 유명한 라이벌이 있다. 최고의 투수, 레전드 투수라 불리는 최동원과 선동열이다. '최고'는 한 명만 존재할 수 있는 법인데, 우열을 가릴 수가 없어서 두 사람 모두 '최고'라 불린다. 실제로 최동원과 선동열은 타의 추종을 불허할 만큼 최고의 투수였다. 한 가지 흥미로운 점은 최동원의 롯데자이언츠는 영남을, 선동열의 해태타이거즈는 호남을 대표하는 팀이었다. 당시는 지역 감정이 심하던 때라 둘의 라이벌 구도는 소속팀의 연고지에 의해 더욱 부각될 수밖에 없었다.

지금은 고인이 된 최동원은 선동열보다 몇 살 형이다. 선후배 사이가 엄격한 스포츠계에서 두 선수의 사이는 꽤 원만했다고 한다. 사실 선동열이 한창 주가를 올릴 때 최동원은 전성기가 조금 지난 때라 친해지기 어려웠을 법도 한데, 최고는 최고를 인정하는 그들만의 마인드가 둘 사이를 지켜주지 않았을까 싶다.

최동원과 선동열의 맞대결은 세 번 있었다. 첫 번째 대결에서는 선동열의 1 대 0 승리, 두 번째는 최동원의 2 대 0 승리, 그리고 마지막 세 번째는 2 대 2 무승부였다.

1987년 5월 16일에 벌어진 세 번째 맞대결은 한국 프로야구사에 길이 남을 명승부라 평가받는다. 롯데와 해태는 연장 15회까지 혈전을 펼쳤지만 끝내 승부를 가리지 못했다. 그런데 두 팀 모두 투수는 한 사람만 기용했다. 최동원과 선동열이 1회부터 15회까지 마운드를 지킨 것이다. 두 선수 모두 정말 신들린 투구를 한 것이다.

경기가 끝난 후 양쪽 팀 관중석에서 일제히 박수가 쏟아졌다. 최동원, 선동열 가리지 않고 응원과 존경의 박수를 보낸 것이다. 그리고 최동원은 선동열의 손을 잡으며 이렇게 말했다.

"동열아, 우리 끝까지 함 던지볼까?"

그러자 선동열이 망설임 없이 대답했다.

"형님, 한번 해볼까요?"

두 선수는 함께 웃음 지었다.

그날 최동원과 선동열은 멋진 투구만 보여준 것이 아니다. 라이벌로서도 멋진 모습을 보여준 것이다. 둘은 라이벌이지만 서로를 적이 아닌 친구로 여겼다. 그것은 최동원, 선동열을 레전드로 우뚝 서게 만든 원동력이었다.

나도 한때 라이벌에 의해 몹시 힘든 시간을 보낸 적이 있었다. 그와의 경쟁에서 밀려 패배감에서 벗어날 수 없었다. 그래서 한적한 오대산을 찾아갔다. 산은 오랜 세월 동안 모두에게 등과 허리를 내어주었다. 모진 비바람과 눈보라를 맞으면서도 일회일비하지 않고 그 자리에서 의연하게 만물을 성장시키며 떡하니 버텨내고 있었다. 그런 오대산은 무언의 가르침을 주고 있었다.

그리고 상원사에서 동종을 만났다. 동종은 크기도 작을 뿐만 아니라 화려한 무늬도 없었다. 그런데 시대를 대표하는 그만의 특징을 가졌기에 국보로 대접받고 있었다. 동종 역시 내게 소중한 것이 무엇인지 비밀리에 알려주고 있었다.

라이벌은 선의의 경쟁자이다. 최선을 다해 라이벌과 선의의 경쟁을 펼쳐야 한다. 배울 점이 있으면 배우고, 본받을 점은 겸손하게 받아들이면서 의연하게 행동해야 한다. 그것이 자신을 완성시켜 나가는 길이다. 나를 나답게 완성시켜 주는 맞수이자 친구인 라이벌. 그런 라이벌이 없는 인생은 오히려 싱거울지도 모른다.

꿈,
간절하면
이루어질까?

어떤 사람은 꿈을 가지고 열심히 살아간다. 어떤 사람은 꿈이 없어도 열심히 살아간다. 어떤 사람은 꿈도 없고 그냥 그렇게 살아간다. 다른 인생을 살고 있는 이 세 사람은 10년 후에는, 또 30년 후에는 어떻게 달라져 있을까?

꿈이 없는 삶은 서글프다. 가령 바다 위에 배가 떠 있다고 하자. 그런데 가야 할 목적지가 없다면 배는 어디로 가야 할까? 목적지가 없는 배는 그냥 표류만 할 뿐이다. 열심히 노를 저어도 큰 의미가 없는 것이다. 그러므로 꿈이 있는 삶을 살기를 강력히 권한다.

그런데 꿈은 이루어질까? 꿈이 깨어지는 삶은 오히려 꿈이 없는 삶보다 못한 것 아닐까? 그러니 차라리 꿈 없이 사는 게 마음 편하지 않을까?

하브 에커(T. Harv Eker) 책 《백만장자 시크릿》에는 끌어당김의 법칙이 나온다. 끌어당기면, 즉 간절히 원하면 꿈은 이루어질 수 있다는 법칙이다. 또한 이지성 작가의 《꿈꾸는 다락방》에서는 생생하게 꿈꾸면 이루어진다고 말했다. 나는 이 말을 믿는다.

헬기 조종사로서의 삶이 이 믿음을 갖게 했다. 헬기를 조종할 때 조종사가 조종간을 크게 움직이지 않아도 마음속으로 오른쪽이나 왼쪽으로 움직이면 헬기가 마음먹은 방향으로 움직이는 현상이 나타난다. 이 신비롭기까지 한 현상에서 '헬기'의 자리에 '꿈'을 대입할 수 있다. 헬기가 조종사의 마음에 따라 움직이듯 간절한 꿈은 꿈꾸는 자의 마음에 따라 움직인다. 그러므로 꿈은 이루어지게 마련이다.

온 국민을 기쁨과 열광의 도가니로 몰아넣었던 2002년 월드컵. 독일과의 4강전, 그때 관중석을 장식했던 한 문구를 모두 기억할 것이다.

'꿈은 이루어진다'

앞서 말했듯, 꿈은 이루어진다. 그러나 그냥, 저절로 이루어지지는 않는다. 이쯤에서 궁금증이 생길지도 모르겠다.

'간절히 꿈꾸면 이루어진다고 했는데, 너무 막연한 것 아닌가? 간절히 꿈꾼다는 것은 대관절 무엇인가?'

간절히 꿈꾸는 것은 반드시 행동이 수반되어야 한다. 먼저 **꿈의 리스트를 작성해보자.** 꿈의 종류, 크기는 상관없다. 학업에 관한 것, 업무에 관한 것, 버킷리스트도 좋다. 원하는 것은 모두 꿈이다. 그다음엔 자신이 왜 이 꿈을 꾸는지, 그 이유를 분명히 기록하자. 또한 '꿈을 이루어 무엇을 할 것인가?' 자신에게 계속 물어볼 필요가 있다. 적어두고, 물어보면 자신도 모르는 사이 꿈을 향해 나아가게 된다. 그리고 스스로 꿈을 향해 가는 길을 수정하고 보완하게 된다. 꿈 자체를 수정 또는 보완하기도 한다. 이 모두는 꿈의 완성도를 높여가는 과정이다.

둘째, **꿈을 구체적으로 가시화하자.** '늦잠 자기 없기'가 아니라 '월요일부터 금요일까지 새벽 6시에 기상하기'와 같이. 꿈이 정해지면 침상이나 책상, 화장실 앞면에 붙여보자. 그리고 그 꿈을 주변 사람들에게 알려도 좋다. 그러면 꿈은 신념화된다. 때로는 꿈을 돕는 조력자를 만날 수도 있다.

셋째, **꿈을 구체화할 때 먼저 큰 틀을 정하고, 점점 세부적인 내용을 구체화하는 것이 좋다.** 큰 항아리에 큰 돌, 자갈, 모래, 물을 다 채우려면 물부터 채워서는 안 된다. 큰 돌부터 넣어야 온전히 항아리를 채울 수 있게 된다.

마지막으로 **꿈을 향해 달리다가 고난과 역경을 만난다면 긍정적 자산으로 삼겠다는 마음**을 가지도록 하나. 실력만큼 중요한 것은 시련, 역경을 이겨내는 힘이다. 이를 통해 단련되는 정신은 삶의 자산이 된다.

〈히든 싱어〉라는 방송 프로그램을 한 번쯤 본 적이 있을 것이다. 원조 가수의 노래를 똑같이 모창하는 일반인 도전자들이 모습을 숨긴 채 원조 가수와 대결을 벌이는 형식이다. 원조 가수도 얼굴을 드러내지 않기에 관객은 노랫소리만 듣고 원조 가수를 맞혀야 한다. 원조 가수가 끝까지 살아남기도 하고, 완벽한 모창을 구사한 도전자가 최종 우승자가 되기도 한다.

〈히든 싱어〉의 많은 도전자들이 공통적으로 하는 말이 있다 바로 가수가 꿈이었다는 것. 원조 가수의 노래를 모창하며 가수의 꿈을 키웠다는 것. 그중에서는 이런 식의 말들을 덧붙이는 사람도 있었다.

"비록 가수의 꿈은 이루지 못했지만, ○○○란 가수와 같은 무대에서 함께 노래를 불렀던 것만으로 행복합니다."

"지금은 가수가 아닌 다른 일을 하고 있지만, 오늘 이 무대에서 선 것만으로도 제 꿈은 이루어졌습니다."

훗날 도전자들 가운데 실제로 가수 활동을 시작한 사람도 몇 있었다. 간절히 바라며 노력했기에 히든 싱어에 출연할 수 있었고, 이를 발판 삼아 꿈을 이룬 것이다.

그렇다면 수많은 도전자들은 결국 꿈을 이루는 데 실패한 것일까? 원조 가수와 한 무대에 선 것만으로 행복하다는 사람은, 그 무대만으로도 꿈을 이루었다고 만족하는 사람은 꿈을 이루지 못한 것일까?

이에 대한 판단은 여러분에게 맡기도록 하겠다. 다만 서두에서 던진 질문에 대한 답을 여기에 남기겠다. 꿈을 가지고 열심히 살아가는 사람의 삶은 10년 후에, 또 30년 후에 분명히 달라져 있을 것이다.

그러므로 **꿈을 품자. 꿈은 지극히 개인적인 것이어도 좋다. 물론 많은 사람들을 이롭게 하는 꿈이라면 더 좋다. 더 좋은 세상을 만들기 위한, 큰 꿈을 꾸어보자.** 그리고 그 꿈을 향해서 자기 자신을 힘껏 내던져보자. 영화처럼 멋진 인생이 기다리고 있을 것이다.

둥지 안의
어린 새에게

바다갈매기 둥지는 절벽이나 험한 바위틈에 있다. 포식자들의 접근을 막아 안전하게 살면서 번식에 성공하려는 어미 새의 결단이다. 새로 태어난 새끼는 둥지 속에서 무럭무럭 자라며 행복한 나날을 보낸다. 어미 새는 새끼가 어느 정도 자라면 먹이를 공급하는 횟수를 줄이며 둥지 밖으로 유도한다. 어린 새는 어미 새의 유도에 따라가야 한다는 사실을 본능적으로 알고 있다.

어느 날 준비가 되었을 때 어린 새는 둥지 밖의 넓은 세상으로 날아간다. 둥지를 벗어나는 순간부터 절벽, 바람, 난기류 속에서 생존비행을 한다. 이때 적지 않은 숫자의 새끼 갈매기가 바다로 추락하거나 바위에 부딪혀 죽고 만다. 생애 첫 비행이 생애 마지막 비행이 되고 마는 것이다. 가장 안전한 둥지 아래에서 채 꿈을 펼쳐보지도 못하고 생을 마감하는 것이다. 안타깝다. 새들은 둥지 안에서만 살 수 없다. **반드시 둥지를 떠나 거친 세상을 만나는 것이 자연의**

이치다.

새들이 첫 생존비행에서 성공할 수 있는 비결은 무엇일까? 성공과 실패를 가르는 차이는 무엇일까? 그것은 바로 '얼마나 열심히 준비했는가'이다. '뭐 별일이야 있겠어?', '하다 보면 어떻게 되겠지' 하고 준비를 게을리 하면 그 결과는 생사를 가를 정도로 가혹하다. 어미 새의 유도에 따라 열심히 준비한 어린 새는 비행에 성공하고, 건강하게 살아남는다.

사람도 어린 새처럼 살아야 한다. 어미 새인 부모의 가르침에 따라 주어진 여건 속에서 최선을 다해야 한다. **완벽하게 모든 준비를 마치고 어떤 일을 착수하는 것은 힘들지만, 준비에는 구슬땀을 흘려야 한다.** 그래야만 날아올라야 할 첫 비행에서, 완벽하게 갖춘 상태가 아니더라도, 성공할 수 있다. 준비에 열심을 내지 않은 이들은 첫 비행에서부터 아주 냉혹한 세상과 마주하게 된다. 자칫 첫 비행에서부터 좌절할 수도 있다.

세상에 확실한 것이 얼마나 되겠는가? 그런 불확실한 세상에서 모든 일은 준비의 여부에 따라 성패가 갈릴 수 있다. 준비에는 꼼꼼함이 요구된다. 사소한 것을 놓치면 그 작은 차이가 준비의 완성도를 떨어뜨린다. 또한 나중에 전혀 다른 결과를 낳을 수 있다. 물론 준비의 과정은 쉽지 않다. 준비에는 긴 시간이 필요한데, 이는 지루함과 싫증을 안겨주기도 한다. 포기하고 싶은 마음도 던져준다. 이 힘든 감정들을 이겨내야만 한다. **힘든 감정들과 싸우면서 눈물 흘**

린 사람은 나중에 웃게 된다. 반대로 이에 굴복한 사람은 나중에 피눈물을 흘릴 수 있다.

둥지 안은 안전하다. 그러나 둥지에 오래 머물수록 밖은 더 위험해질 뿐이다. 둥지에서 긴 시간을 보낼수록 세상과 마주할 능력은 떨어지기 때문이다. 둥지는 어차피 영원히 머물 수 없는 곳이다. 그 안에서 안주하지 말자. 거친 세상으로 나가기 위해, 부모의 유도에 따라, 열심히 준비하자.

부모된 사람들에게 잔소리 한마디 더하는 것으로 글을 닫는다. 부모에게는 어미 새의 역할을 잘 해내기 위해 지혜가 필요하다. 자녀들이 독립성을 기르고 거친 세상을 잘 살아갈 수 있는 용기를 지니려면, 너무 다그쳐서도, 너무 관대해서도 안 된다. 당근과 채찍을 적절히 사용할 줄 알아야 한다. 감당할 수 있는 과제를 안겨주며 단계별로 높여가야 한다. 또한 **자녀가 자신의 뜻대로 무언가에 도전할 때는 묵묵히 바라보면서 응원해주는 것이 좋다. 자녀들이 힘들고 지칠 때는 꼭 안아주고, 편히 쉴 수 있는 둥지가 되어주자.** 그것만으로도 충분하다.

성공을
꿈꾸는 이에게

딸들이 묻는다.

"잘하고 싶은데, 언제쯤 잘할 수 있을까요?"

"어떻게 해야 성공하나요?"

정말 어려운 질문이다.

세상을 살아가는 데 있어서 타고난 프로페셔널은 없다. 누구나 처음 걸어보는 인생길에서 아마추어일 뿐이다. 그래서 명쾌한 정답을 제시하긴 어렵다. 그래도 부모로서 보편적인 방향은 제시할 수 있을 것 같다.

가령 뚱뚱한 사람이 날씬하게 될 수 있을까? 기초대사량과 활동대사량은 사람마다 다른데, 활동대사량만 늘린다고 해결될 문제는 아니다. 많이 걷는다고 해서, 규칙적인 운동을 한다고 해서 살을 빼기는 어렵다. **식습관을 완전히 바꾸고 운동을 생활화하는 등 체질을 바꾸어야 한다.** 체질을 바꿔야만 기초대사량이 늘게 되고, 그래야 진정한 살빼기가 가능해진다. 몸도 건강하게 유지할 수 있다.

그렇다면 성공하기 위해서는 어떻게 해야 할까? 어떤 일을 잘하기 위해서는 **자신의 분명한 목표 설정이 우선되어야 한다.** 방향이 없으면 표류하게 되고, 시간을 허비하게 된다.

명확한 목표가 설정되면, 구체적인 실천계획을 세워 하나씩 준비하고 해결해 나가자. 책을 참고하거나 전문가에게 자문하면서 열심히 실천해 나간다.

처음에는 계획대로 잘 진행되지 않을 것이다. 시간이 많이 걸려서 때로는 지치고 포기하고 싶은 순간도 올지 모른다. 그러나 먼 훗날 당당한 자신의 모습을 상상하면서 참고 견뎌내야 한다. "공부에는 왕도가 없다"라는 말이 있는데, 성공에도 왕도가 없다. 그래도 왕도를 찾아내라면, 인내, 노력, 희망 들뿐이다.

콩나물은 물만 주는데도, 시간이 지나면 어느덧 크게 자라 있다. 콩나물처럼, 시간이 흐른 뒤 뒤돌아보면 자신이 무척 성장해 있음을 발견하게 될 것이다. 물론 스스로에게 부지런히 물을 준 사람에 한해서다. 콩나물에게 물은 자연스럽게 얻어지는 선물과 같지만, 사람에게 물은 노력의 다른 이름이다.

꼬박꼬박, 규칙적으로 물을 주자. 느리고 더디지만, 어느 순간 폭발적인 성장을 체험하게 될 것이다. K팝의 위상을 전 세계에 떨치고 있는 방탄소년단도 하루아침에 세계적인 인기 그룹이 된 것이 아니다. 연습생 이전부터 연습에 매진했고, 연습생이 된 후에도 엄청난 시간 동안 인내하면서 노력했다. 목표를 향해 자신과의 싸움을 하면서 일주일, 한 달, 일 년, 십 년의 긴 세월 동안 힘든 하루하루를 보냈다. 그래서 어느 날 폭발적으로 성장한 최고의 실력을 갖추게 되고, 세계적인 인기 그룹이 될 수 있었다.

부자가 되는 길도 크게 다르지 않다. 물론 벼락부자가 되는 길도 전혀 없는 것은 아니지만, 그것만 꿈꾸고 있다가는 인생은 버려진 물처럼 흘러가버릴 것이다. 부자의 길도 한 걸음 한 걸음 나아가는 것이다. 부지런히 일하고, 힘들지만 아껴서 저축하여 종잣돈을 마련하고, 공부하고 고민하면서 투자하는 것. 단순하지만 이것이야말로 부자로 가는 지름길이며, 바른 길이다.

진짜 부자가 되기를 간절히 바라는가? 그렇다면 먼저 자신의 생활리듬부터 바꾸자. 부지런하고 절약하는 체질로 바꾸는 것이다. 이렇게 살면, 만나는 사람도 달라진다. 상대방에게 선한 영향력을 끼치기 때문이다. 그렇게 선한 영향력을 널리 끼치며 살다 보면 어느 순간 부자의 길을 가고 있는 자신을 발견할 수 있을 것이다.

어떤 분야든 마찬가지다. 영어를 배울 때도, 기술을 배울 때도, 예술에 몰두할 때도 체질부터 바꾸는 것이 우선이다. 바뀐 체질이 성공을 불러온다.

체질을 바꾸었다면 한 발 더 나아가 '자기 변화'를 추구해보자. 성공적인 삶을 살려면 성공적인 인간으로 탈바꿈해야만 한다. 이제 자기 변화를 이룩하는 방법에 대해 알아보고자 한다.

먼저 **'최고'가 되겠다는 마음을 먹는 것부터 시작해보자.** 이 마음가짐은 어떤 일을 하든 몰입할 수 있는 힘을 준다. 몰입은 성공의 밑바탕이다.

'최고'가 되겠다는 마음가짐은 자신에 대한 믿음이 기반이 되어야 한다. 자신의 잠재력을 믿자. 그리고 목표를 크게 갖고, 삶의 태도를 바꾸고, 전략을 짜서 성공을 향해 나아가 보자.

다음은 **건강한 몸과 마음 만들기이다.** 상투적인 이야기이지만 건강을 잃으면 모든 것을 잃는다고 한다. 그러나 이 상투적인 이야기만큼 특별한 이야기는 없을 것이다. 무엇을 하든 건강부터 갖추어야 한다.

세 번째로는 **원만한 인간관계이다.** 적을 만들지 말고 건전한 라이벌을 만들자. 또한 라이벌은 친구로 여기자.

네 번째로는 **시간을 알차게 효율적으로 사용하는 것이다.** 시간을 낭비하거나 허투루 사용하는 사람이 성공한 사례가 과연 있는가? 시간은 누구에게나 공평하게 주어지지만 어떻게 쓰느냐에 따라 삶은 천차만별로 달라진다. 특히 토막 시간, 자투리 시간을 잘 활용할 수 있는 지혜가 필요하다.

마지막으로 **자신의 감정을 이기는 힘이 필요하다.** 이 힘은 반드시 키워야 한다. 나약한 감정, 분노의 감정, 탐욕의 감정, 게을러지려는 감정 등 자기 안에서 용솟음치는 감정을 다스리지 못하면 삶을 주도적으로 이끌어가기 어렵다.

이와 같은 방법들을 깊이 새겨 자기 변화를 반드시 이룩하기 바란다. 나아가 인생에서도 성공가도에 오르기를 간절히 기원한다.

부족이
능력이 되는
아이러니

"머리가 나빠서 공부를 잘하지 못했어요."

"키가 작아서 좋은 직장에 못 들어갔지요."

"타고난 재능이 없어서 제대로 할 수 있는 게 아무것도 없어요."
혹시 이런 종류의 푸념을 해본 적이 있는가? 살면서 단 한 번도 안
한 사람은 아마도 매우 드물 것이다. 자기 자신이 뛰어나다고 생각
하는 사람은 사실 그다지 많지 않다. 사람은 저마다 부족하거나 약
한 부분이 있다. 그러나 약점이 있다면 강점도 있기 마련이다. 적어
도 강점으로 성장할 가능성을 가진 부분은 있다고 본다.

홈런왕 이승엽도 처음부터 홈런을 뻥뻥 때린 건 아니었다. 그에
게는 힘이 부족했다. 따라서 준수한 타자였지만 이른바 '홈런 타자'
는 아니었다. 그러던 그가 백인천 감독으로부터 '외다리 타법'을 전
수받는다. 홈런 타자가 되고 싶어 하는 그의 열망이 감독의 지도 욕

구에 불을 지핀 것이다. 왼발로 무게 중심을 잡은 다음 공을 칠 때 오른발을 앞으로 내딛는 외다리 타법은 타자의 부족한 힘을 보완하는 데 효과적이었다. 열심히 노력해 외다리 타법을 익힌 이승엽은 이후 홈런 타자로 거듭날 수 있었다.

레오나르도 다빈치는 가난한 마을에서 자랐지만 자신의 어려운 환경을 극복하고 위대한 건축가이자 화가가 되었다. 베토벤은 청각 장애였지만 세계적인 음악가가 되었다. 나폴레옹은 몹시 허약한 단신이었지만 전쟁 영웅이 되었다.

이와 같이 우리가 알고 있는 '위인'들은 모두 부족한 사람들이었다. 모든 것이 완벽한 천재가 아니었던 것이다. 자신이 부족하다고 느끼는 사람은 이들 위인의 성공 사례를 곰곰이 새겨보길 바란다.

나는 10년 전 족구를 하다가 왼쪽 다리를 크게 다쳤다. 병원에 가서 무릎인대 이식수술을 받았다. 몇 달이 지난 뒤에 깁스를 풀었는데, 좌측 허벅지가 무척 가늘어지고 약해져 있었다. 걱정하면서 반대쪽 허벅지를 보았는데, 오른쪽은 예전보다 더 굵고 튼실해져 있었다. 희망을 가질 수 있었다. 한쪽이 약해지면 반대쪽은 오히려 강하게 된다는 자연의 이치를 깨닫고 희망을 품은 것이다.

자신에게는 부족한 점만 있는 것 같은가? **좀 더 자기 자신을 열린 마음으로, 깊이 바라보자. 분명 어딘가에는 강한 면이 있을 것이다. 당장 강점이 보이지 않는다고 해서 실망할 필요는 없다. 적**

어도 보완하면 강해질 수 있는 요소는 갖추고 있을 것이다.

물론 자신의 부족함, 즉 결핍과 직면한다는 건 괴로운 일이다. 강점을 찾는 일도 그리 즐거운 일만은 아니다. 실패, 사고, 역경 등을 통해서 잠자고 있던 강점이 깨어나는 경우가 많기 때문이다.

그래서 **결핍은 병을 치료하고 보다 건강해지는 약으로 작용할 수 있다. 탁월함을 꽃피우는 씨앗이 될 수 있다. 결핍을 채우기 위해 노력하다 보면 어느 순간 결핍은 탁월함으로 변화된다.** 그것이 자연의 이치다.

남들보다 뛰어나지 않다고 해서 조급해하지 않았으면 좋겠다. 열심히 달려가다가 어려움을 만나거나 실패를 겪더라도 슬퍼하지 않았으면 좋겠다. 물론 실력이 부족하다고 느낄 때, 바라는 바를 이루지 못했을 때 실망하고 낙담할 수도 있다. 그렇다고 좌절과 절망에 빠지지는 말자. 실망과 낙담에 그치자. 실망과 낙담은 누구라도 언제든지 할 수 있는 것이다. 잠시 움츠러들었다가 홀홀 털고 다시 기지개를 켜자. 이 괴로운 시간이 새로운 출발점이라고 긍정적으로 생각하자.

두둑한 배짱이 필요하다. 다가올 미래를 향해 당당히 걸어가는 배짱 말이다. 그런 배짱은 진짜배기 자존심이다. 자존심을 잃지 말고, 부족함이 오히려 능력과 성공을 가져온다는 아이러니의 힘을 믿어보자.

딱
한 사람만 이겨라

학교 다닐 때는 공부를 해야 하고, 성인이 되어서는 돈을 벌어야 한다. 누구나 바쁘고 힘든 일상을 살아간다. 누구나 쉬고 싶고, 놀고 싶고, 자고 싶고, 맛있는 것을 먹고 싶어 한다. 기본적인 욕구만 채우며 편하게 살기를 바란다. 오죽하면 "뛰는 사람은 걷고 싶고, 걷는 사람은 앉고 싶고, 앉아 있는 사람은 눕고 싶다"라고들 하겠는가. 그러나 **하고 싶은 것만 하고 살 수는 없다. 내키지 않아도 해야 할 일이 많다. 자기를 통제하고, 자기와의 싸움을 해야만 한다.**

그런데 문제가 있다. 자신과의 싸움이 가장 힘들고, 자신을 통제하는 것이 가장 어렵다는 점이다. 그래서 옛날부터 극기(克己)나 수신(修身)을 강조하고, 고진감래(苦盡甘來)라고 설득해왔다. **'자신을 이기는 사람이 세상에서 가장 강한 사람'**이라는 말은 백번 맞는 말이다.

수십 년 전, 김득구라는 권투선수가 있었다. 그는 한국 챔피언과 동양 챔피언을 거머쥔 뒤 세계 챔피언의 꿈을 안고 1982년 11월 미국으로 떠났다. 그러나 상대 선수인 미국의 맨시니에게 KO패를 당해 그 꿈을 이루지 못했다. 링에서 주먹을 맞고 쓰러진 그는 의식을 회복하지 못했고, 4일 동안 뇌사 상태에 빠졌다가 장기 기증을 하고 세상과 이별했다.

이와 같이 안타까운 사연을 남기고 떠난 김득구 선수의 생애를 그린 영화가 있다. 2002년 개봉한 〈챔피언〉이다. 영화에 이런 대사가 나온다.

"거울 앞에 서 봐. 원래 복서는 미스코리아보다 더 거울을 많이 보는 거야. 네가 싸워야 하는 사람이 그 안에 있기 때문이지. 앞으로 너는 지금 네 눈앞의 거울 속에 있는 사람과 싸우는 거야. 바로 너, 딱 한 사람만 이기면 돼."

세계 챔피언이라는 꿈을 향해 달려가는 김득구 선수에게 관장이 건네는 말이다. 이 대사가 실제 김득구 선수를 지도했던 관장이 직접 했던 말인지, 극적 감동을 위해 시나리오 작가가 지어낸 말인지는 모르겠다. 그러나 사실인지 허구인지를 가리는 것보다 중요한 것은 이 말의 의미를 새기는 일이라고 생각한다. 인생은 자기와의 싸움이다. 운명이다. 운명적인 싸움과 맞설 것인가 피할 것인가는 본인의 선택이다.

하루하루는 유혹과의 싸움이다. 잠의 유혹, 음식의 유혹, 유희의 유혹, 물질의 유혹⋯⋯. 가만히 있어도 수많은 유혹들이 '자신과의 싸움'을 벌이라고 부추긴다. 어떻게 하면 이들 유혹을 물리치고 자신과의 싸움에서 이길 수 있을까?

먼저 **자신을 정확히 진단할 필요가 있다.** '나'는 어떤 유혹에 약한지 차분히 살펴보며 생활태도를 진단해 본다. 자신의 약하고 여린 부분에 대해 정리한 뒤 개선이 필요한 부분을 기록으로 가시화해서 조금씩 고쳐나가도록 한다. 인내와 끈기, 용기 등 의지를 고양할 수 있는 글귀를 써서 눈에 잘 띄는 곳에 부착하는 것도 좋은 방법이다. 자신감을 얻고 스스로를 격려하는 데 도움이 된다.

둘째, **하루를 계획하면서 살아간다.** 하루의 일과를 시간대별로 기록해서 살아보는 것이다. 학생시절 만들어 활용했던 일과표를 다시 한 번 되살려보자. 일과표는 목표의식을 강하게 하는 데 도움이 된다. 일과표를 만들었으면 오늘 할 일은 반드시 시행하고, 다음으로 미루지 않는다. 일과표에는 반드시 딱 하루치의 목표를 적을 필요는 없다. 단기, 중기, 장기 계획을 세워 그날그날의 목표를 기록해서 실천해보자. 다만 욕심만으로 너무 무리해서 계획하지 않도록 유의한다.

마지막으로 **규칙적인 운동과 적극적인 휴식이다.** 한겨울 얼음물 속에서 훈련하거나 운동으로 자신을 한계상황까지 내몰아 가면서 자신을 강하게 단련하는 사람들을 보기도 한다. 이렇게까지 고강도의 운동을 꼭 할 필요는 없지만, 이러한 운동을 한다는 각오로 삶에 몰입해보는 것은 좋은 일이다. 예를 들어, '한 달 안에 턱걸이

10개 하기'와 같은 목표로 삼고 몰입해보자. 스트레스에 놓여 있기보다 적절한 운동을 통해 자신과 싸워 보는 기회를 가져보는 것은 큰 도움이 될 것이다.

쉴 때는 푹 쉬자. 일 걱정, 공부 걱정, 모든 잡념을 다 떨치고 쉼에 몰입하자. 쉼을 위해 일상에서 벗어나 여행을 하는 것을 강력 추천한다. 여행은 휴식을 주는 것은 물론 주변을 정리할 기회도 준다. 또한 신앙을 가지는 것도 좋은 방법이다. 신앙생활은 마음의 안정과 자유를 가져다준다.

피할 수 없으면 즐기라고 했다. 자신을 믿고 바른 마음가짐으로 자신 있게 걸어갔으면 한다. 좋은 결과를 상상하며 자신과의 싸움을 계속해 나가길 바란다. 자신과의 싸움에서 이기는 사람이 진짜 승리자라고 믿는다. 파이팅!

돈을
돈처럼 쓰는
지혜

"열심히 사는데 살림살이는 맨날 빡빡해요."

"돈도 없고, 살아갈수록 빚만 늘어갑니다."

대한민국의 중산층이라 불리는 평범한 사람들이 일상적으로 하는 말들이다. 이런 말들이 나오는 상황이 초래되는 데는 나름대로 이유가 있다. 기본적인 생활비 외에 결혼과 출산, 육아와 교육, 경조사와 가정사 등 살아갈수록 돈 쓸 곳이 많아지기 때문이다.

이러한 현상은 부적절한 소비생활에서 더 심화된다. **합리적인 소비를 추구하고, 세상 마케팅의 유혹과 불필요한 욕심에서 벗어나야 한다.** 조금의 절제와 통제가 현재의 삶도 보상하면서 보다 여유로운 미래의 삶을 가져올 것이다. 소득보다 지출을 잘 관리하는 것이 중요하다.

다시 한 번 지출 관리의 중요성을 강조하면서, 내가 살아오는 동안 고민해 보았던 몇 가지를 제시하고자 한다.

먼저 **절제하는 소비 습관이다.** 필요한 것이 있을 때 우선 사고 보는 습관을 고쳐야 한다. 돈을 모은 다음에 충분히 잘 따져보고 구매하는 자기 통제력이 요구된다.

신용카드보다 체크카드, 체크카드보다 현금으로 구매하기를 권한다. 들고 나는 것이 명확하게 보이는 현금은 소비 욕구도 억제시키는 효과가 있다. 또한 지갑에 채워져 있지 않으면 당장 소비를 할 수 없기에 자연스럽게 소비 절감을 가져온다. 이에 비해 현금이 눈에 보이지 않는 체크카드와 신용카드는 낭비에 대한 경각심을 둔화시킨다. 특히 결제일이 미뤄지는 신용카드가 더 위험하다. 신용카드 사용 금액은 결국 빚이다. 빚으로 욕망을 채우는 행위는 버려야 한다.

절제하는 소비 습관을 키우려면 정기적 지출과 비정기적 지출을 구분하여 각각 별도 통장으로 관리하는 것이 좋다. 그렇게 하면 지출에 짜임새를 갖출 수 있다. 저축기간을 장기적으로 고정하거나 기간을 장·단기로 조정할 수 있는 투자도 고려할 수 있다.

둘째 **형편에 맞는 집을 구매하도록 하자.** 집을 사느라 과도한 대출을 받으면 빚 때문에 끙끙대며 살 확률이 높다. 물론 본인의 선택이기는 하지만, 비록 비싸고 좋은 집은 아니더라도 일정한 삶의 질을 추구하며 사는 것이 더 낫다고 생각된다.

집 구매에 성공하려면 새로 구입할 집에 얼마가 들어가는지 실질적인 비용을 철저히 계산해야 한다. 매매가는 물론이고 인테리어 비용, 관리 비용 등을 꼼꼼히 따져야 한다. 이때 앞으로의 수입은 배제하고 현재의 소득 수준에 맞추어야 한다.

또한 주거 목적인지 투자 목적인지도 명확히 구분해야 한다. 어떤 목적인지에 따라 비용은 크게 차이가 날 수 있다. 그리고 무엇보다 집을 사는 것이 투자는 될 수 있지만 투기가 되어서는 안 된다는 것을 명심하기 바란다.

셋째 **합리적인 보험 가입이다.** 무조건 좋은 보험보다는 꼭 필요한 보험 위주로 가입한다. 지나친 불안으로 가입하기보다는 나이와 건강상태, 소득과 재정상태를 고려하여 목적에 맞는 보험으로 가계 부담을 줄여야 한다. 미래의 불확실성에 대비하여 보험전문가와 잘 상담하여 적정 수준에서 가입하도록 하자.

마지막으로 **적정 수준에서의 채무관리이다.** 대출이 필요하다면 감당할 수 있는 범위를 정해 제한한다. 수시로 만기와 금리별로 자신의 채무를 파악하고, 고금리부터 상환하거나 저금리로 전환하려는 노력도 필요하다. 은행 직원과도 친밀한 관계를 유지하면서 도움을 청하고 자세하게 상담을 받도록 한다. 그러나 대출보다는 불필요한 지출을 줄이는 것이 우선임을 명심해야 한다.

돈은 아끼는 것도 중요하지만 잘 쓰는 것은 더 중요하다. 지혜로운 소비가 삶을 윤택하게 만든다. 또한 자신에게는 인색하더라

도 가족, 친구, 지인, 이웃을 위해서는 넉넉하게 쓰기를 권한다.
그것 또한 지혜로운 지출이다. 행복을 얻을 수 있기 때문이다. 돈보다는 행복을 추구하는 삶이 멋진 삶이 아니겠는가?

좋은 친구를
꿈꾸며

친구란 뜻이 잘 맞고 가깝게 오래 사귄 사람이다. 좋은 친구는 얼굴만 떠올려도 행복해지는 그런 관계다. 좋은 친구는 보이지 않는 곳에서도 '나'와 친구라는 것을 자랑스러워한다. 또한 우정을 가치 있게 여기며, 친구를 신뢰한다. 고사성어 '관포지교(管鮑之交)'의 두 주인공인 관중과 포숙처럼 말이다.

인간관계의 백미(白眉)는 우정이라고 한다. 우정의 의미를 곱씹으며 스스로를 되돌아보자.

'나에게 참다운 친구, 진실한 친구가 있는가?'

'나는 내 친구에게 참되고 진실한 친구인가? 그런 친구가 되기 위해 나는 어떻게 해야 할까?'

관포지교에 걸맞은 우정을 쌓으려면 먼저 친구를 알아야 한다. 친구는 무엇을 좋아하고 싫어하는지, 가치관은 어떤지, 꿈은 무엇인지 등에 대해 이해하려고 노력해야 한다. 친구의 고민, 현재 친구가 처한 상황 등에 대해서 관심을 기울여야 한다. 그래야 친구와 함께 동고동락할 수 있다. 그렇지만 부담스러워하는 사적 영역과 가정환경에 대해서 깊이 들어가는 것은 주의해야 한다. 적절한 거리를 유지하면서 잠잠히 위로와 힘이 되어 주는 것이 지혜로운 행동이다. 그리고 친구와의 금전거래는 분명히 선을 정해서 서로 지키도록 한다. 그 선을 정할 때는 따로 자리를 마련해 허심탄회하게 이야기를 나누는 것도 좋은 방법이다.

친구의 가족들에게도 친근하게 다가가자. 하지만 **무례하거나 도를 넘지 않도록 언행에 늘 조심해야 한다.** 물론 친구니까 한두 번은 이해를 하겠지만, 반복된다면 관계가 멀어질 수 있다. 언행은 사람의 마음을 다치게 하는 데 가장 위험한 무기가 될 수 있다.

친구에게 무엇을 바라거나 기대치를 높이 두지 말자. 친구의 있는 그대로를 받아들이자. 자신의 의도대로 친구를 이끌려 하지 말고 친구의 있는 대로를 인정하는 것이 자연스러운 관계의 첫걸음이다. 여담이지만, 이것은 사랑하는 연인과의 관계에서도 마찬가지다.

친구와 공유할 수 있는 추억을 많이 만들자. 주기적인 만남을 갖는 것도 좋지만, 일상을 떠나 멀리 낯선 곳으로 함께 여행을 떠나는 것도 좋다. 그 여행에 모험이 계획되어 있다면 금상첨화다. 모험은 우정을 더욱 단단하게 만드는 특효약이다. 모험 중에 의견충돌이나 갈등이 일어날 수도 있는데, 모험의 과정에서 이를 봉합할 수 있다. 봉합 이후 우정은 한결 끈끈해진다. 봉사활동도 무척 의미 있다. 친구와 함께하는 봉사활동은 즐거움이 배가된다. 값진 체험의 공유라는, 아름다운 추억도 쌓을 수 있다.

친구와 같은 꿈을 꿀 수 있다면 더할 나위 없이 좋다. 그런데 이것은 어릴 때는 가능하지만, 실제로 사회생활을 하는 나이에 이르면 어려워진다. 어릴 때는 생각의 폭도 좁고, 자신들의 재능도 잘 모르기에 다양한 형태의 삶을 생각하기 어렵다. 그래서 같은 미래를 그리며 우정을 다질 수 있다. 하지만 가정을 꾸리고, 나이가 들면 현실에 발목을 잡히고 만다. 같은 꿈을 꾸기는커녕 자신의 꿈조차 지키기 버거워진다. 그러므로 소박한 꿈이면 된다. 친구와 함께 배드민턴을 배워 생활체육 대회에 나간다든가, 노래자랑 경연에 나간다든가, 요리를 배운다든가. 생각해 보면 꿈으로 삼을 수 있는 것들이 많이 있다. 친구와 마음을 맞추면 된다.

진정한 친구가 되기 위해서는 상대를 배려하는 마음은 필수 조건이다. 먼저 희생할 줄 아는 마음도 필요하다. 좋은 것이 있으면 기꺼이 나눌 수 있어야 한다. 그렇다고 친구의 희생과 배려를 먼저 기대해서는 안 된다. 먼저 연락하고, 먼저 나누고, 먼저 섬기는 마음이 우정을 키우는 법이다.

내 자신, '좋은 친구'인가 스스로를 되돌아본다. 자신 있게, 당당하게 말하기가 어렵다. 그러나 지금이라도 시작하면 된다고 생각한다. 멀리 있어도 그립고, 언제나 든든하고, 자랑스럽고, 믿음이 가는, 그런 친구로 살아야겠다.

개 같은 남자와
결혼하는 건 어떠니?

우리 시대 영원한 디바 휘트니 휴스턴을 나는 좋아했다. 그녀의 모든 노래가 좋지만, 개인적으로는 영화 〈보디가드〉의 주제곡 〈I will always love you〉를 명곡으로 꼽는다. 휘트니 휴스턴은 2012년 어느 날 약물중독과 재정파탄 소식 등을 남기며 생을 마감했다. 그녀는 남편 바비 브라운의 폭력, 외도 등 문란한 생활로 인해 삶이 파괴되고, 목소리와 음악성도 잃게 되었다고 한다. 얼마나 고통스럽게 살았을까? 안타깝다.

지난봄 친구가 물었다.

"너는 딸이 둘인데, 어떤 남자면 남편감으로 괜찮겠냐? 직업은 무엇이면 좋겠냐?"

나는 대뜸 대답했다.

"딸들의 남편감으로는 개 같은 남자면 좋겠다."

친구가 의아해하며 그 이유를 묻기에 설명해주었다.

"개는 적어도 자기 집은 확실히 지키잖아. 어떤 어려움과 고난이 있어도 가정은 확실히 지킬 수 있으면 좋겠다. 또 아무리 사나운 개도 자기 가족들 앞에서는 꼬리를 흔들며 배를 까고 즐겁게 해주는 거 알아? 이런 이유로, 개 같으면 족하다!"

나는 원하는 직업에 대해서도 털어놓았다.

"딸의 남편감은, 불법적이거나 타인을 곤경에 빠뜨리지 않는 일을 하면 좋겠네. 혼란한 세상이지만 성실히 땀 흘리며 알뜰히 쌓아가고, 부족하지만 이웃과 나누는 즐거움을 아는 사람이면 정말 좋겠네."

사실 친구에게 건넨 말은 내 자신에게 하는 말이기도 하다. 나는 딸들에게 이런 개 같은 아버지로 살고 싶다. 아내에게도 개 같은 남편이기를 바란다. 특히 아내에게는 꼭 그러고 싶다. **딸들이 엄마 아빠가 사는 모습을 보고 결혼은 좋은 것, 행복한 것이라고 느끼게 해주고 싶어서다.**

나는 아내에게 때로는 남편으로, 아버지로, 엄마로, 아들과 딸로, 친구로 살아야겠다. 환경이 아무리 어려워져도, 혹시 아내가 실망스러운 행동을 하거나 부족함을 보여도 끝까지 감싸고 지지해주는, 사랑해주는 남편이 되고 싶다. 아내가 먹고 싶은 것이 있다고 할 때, 내가 할 수 있는 요리면 엄마처럼 직접 해주고 싶다. 안 되면 딸과 데이트하는 엄마처럼 맛집이라도 찾아가고 싶다. 힘들고 지치거나 흔들릴 땐 든든히 받쳐주고 기댈 수 있는 아버지가 되어주련다.

때로는 재롱을 떠는 아들과 딸이 되어 아내를 즐겁게 해주련다. 함께 여행하고, 등산하고, 재미나게 노는 친구도 되어줄 것이다.

내가 개 같은 남편, 개 같은 아버지가 된다면 우리 가정에 행복이 꽃필 것 같다. 딸들에게 괜찮은 아버지로 인정을 받으리라 짐작된다. 정말 그런 일이 실현된다면, 세상 그 어떤 성공보다 멋진 성공일 것이라고, 그 누구의 인생보다 행복한 인생일 것이라고 생각한다.

아무리 생각해봐도 인생에서 가장 가치 있는 것은 가족과 일상을 함께하는 것인 듯하다. 시대에 뒤떨어지는 사고일 수도 있겠지만, 나는 결혼생활에서 진짜 사랑과 행복을 맛보는 것이라고 주장하고 싶다. 딸들에게 이 주장이 통할지 모르겠다. 여하튼 **완벽한 남자를 찾기보다 사랑하는 남자를 만나 좋은 남편으로 바꿔가는 지혜로운 딸들이 되기를 소망한다.**

그 소망을 담아 행복한 부부로 살아가는 데 필요한 10가지 팁을 소개한다.

행복한 부부로 살아가는 10가지 팁

1. 같이 할 수 있는 여가생활에 투자한다.
 - 같은 취미를 가지면 대화도 늘고 서로의 이해도 깊어진다.

2. 우연을 계획한다.
 - 로맨스는 우연히 오는 게 아니고, 만들어가는 것!

3. 서로에게 관심을 기울인다.
 - "당신 옷차림이 좋아요."와 같은 말을 던지며 관심을 보이고 격려한다.

4. 매일 한 끼는 함께 식사한다.
 - 부부가 함께 식사하면 친밀감이 깊어진다. 단, 식탁에서 잔소리는 금물!

5. 계절마다 함께 여행을 한다.
 - 철마다 경치 좋은 곳을 찾아나서는 작은 사치를 부리자.

6. 현재 처한 상황에서 생활을 즐긴다.
 - 욕심을 줄이고 여유 있는 태도를 가지면 상황이 달라 보인다.

7. 기념일을 기억하고 챙긴다.
 - 남편이라면 필수!

8. 부부 사이가 애매할 땐 편지를 쓴다.
 - 편지를 준비하여 상대방에 대한 칭찬과 고마움을 글로 전한다.

9. 처가(시댁)에 대해 감사와 칭찬을 한다.

 - 서로 처가와 시댁에 대한 불평은 조심한다. 만약 불평을 들었다고 해도 곧바로 반응하지 말고, 시간이 흐른 뒤 차분히 이야기한다.

10. 서로 다투었을 때에도 한 이불을 덮고 잔다.

 - 싸워도 '이혼' 등의 극단적인 말을 삼가고, 각방을 쓰지 않도록!

10가지 팁을 소개하고 나니 불쑥 쑥스러워진다. 내 자신은 팁들을 잘 지키고 있는가? 지금껏 이렇게 살아왔는가? 나는 개 같은 남편이었는가? "예"라고 대답할 자신이 없다. 이 기회에 고백을 해야겠다. 아내에게 바치는 고백이다.

결혼 후 가끔 의견대립과 갈등, 부부싸움이 있었다. 그럴 때면 쓸데없는 내 고집과 자존심을 세우려 했다. 그러다 보면 대화가 안 되는 상황이 되었고, 상황은 더 심각해졌다. 그래서 나는 아내와 대화를 포기하고 일체의 침묵으로 일관했다. 아내가 대화와 화해를 시도해도 내 속의 화가 안정되기 전까지, 기분이 풀리기 전까지 대화와 화해에 응하지 않았다. 싸움이 더 커지는 것을 회피하는 마음도 있었다. 몇 주, 심하게는 수개월 동안 말 한마디 없이 지낸 적도 있었다.

결혼한 지 10여 년쯤 지났을 때 의정부에 사는, 부모님 같은 집사님 부부가 우리 가정을 찾아왔다. 같이 식사를 하고 차를 마셨다. 그런데 차를 마시면서 대화를 하던 도중 갑자기 아내가 눈물을 터뜨렸다. 아내는 울면서 부부싸움을 할 때 너무나 가슴이 아팠다고 말했다. 아무리 화해를 하고자 대화를 시도해도 남편인 내가 성질을 내고 응하지 않았기 때문이라고 했다. 아내는 심지어 죽고 싶었다고까지 말했다.

그 말을 들은 나는 매우 당황스러웠다. 그날 밤 우리 부부는 밤이 늦도록 대화를 나누었다. 아내의 속마음을 들으면서 나의 생각과 행동이 얼마나 잘못된 것이었는지, 내 고집과 자존심이 얼마나 부질없는 것인지 깨닫게 되었다. 그 이후부터는 부부간에 간혹 갈등과 싸움이 있더라도 대화로서 풀어가려 노력했고, 상대방을 배려하면서 문제를 해결하려고 고민했다.

그러나 그 당시 오랫동안 아내를 힘들게 했고 아프게 했던 부분에 대해서는 가슴 깊이 미안하다고 말해주지 못했다. 이 글을 통해 진심으로 미안하다고 용서를 구하고 싶다. 그리고 사랑한다는 말을 전하고 싶다. 앞으로는 더 분발해서 **아내의 마음을 더 살피고 만지면서 따뜻한 남편이 되겠노라고 다짐해본다.**

날아라,
자매

20년 전 큰딸은 여섯 살, 작은딸은 세 살이었다. 어느 날 교회 주일학교를 다녀온 큰딸의 손에 빵 2봉지가 들려 있었다. 동생 주려고 선생님에게 한 개 더 달라고 해서 가져왔다고 했다. 왠지 큰딸이 듬직하게 느껴졌다. 그 후에도 언니는 줄곧 동생 것을 챙겨 오곤 했다. 그리고 동생은 늘 언니를 믿고 잘 따랐다. 세상에서 가장 괜찮은 조합이 딸 둘을 낳는 거라는데, 그 말이 참 와 닿았다.

그런데 언제부턴가 툭하면 티격태격하는 모습이 보였다. 의견 대립과 갈등이 발생하곤 했다. 딸들은 부모가 말다툼을 하거나 싸울 때 전쟁보다 싫은 상황에 빠진다고 한다. 부모가 닭살 돋는 애정 표현을 하고, 사이가 좋으면 안정감이 든다고 한다. 부모의 입장도 크게 다르지 않다. 전쟁보다 싫은 상황까지는 아니더라도 딸들이 다투는 모습은 정말 보기 싫다. 자매가 침대에서 도란도란 이야기하고, 고민들을 서로 나누는 모습을 볼 때 참 행복하다. 적어도 나는 그렇다. 그런 나이기에 딸들이 다투면 무척 화가 났다. 화를 참지 못한 나는 회초리를 들기도 했다. 지금 돌이켜보면 무척 후회스럽다. 말로써 설득할 수도 있었는데, 가장 쉬운 방법인 회초리를 든 것이 부끄럽다.

딸들의 마음을 회초리로 때린 적도 있었다. 큰딸이 다섯 살 무렵이었다. 우리 가족은 오산에 놀러 갔었다. 옷가게에서 쇼핑을 하는데 갑자기 둘러보니 큰딸이 보이지 않았다. 가슴이 덜컹했다. 아내와 나는 두려운 마음으로 아이를 찾기 시작했다. 말은 할 줄 알지만 집 주소도, 전화번호도 모른다고 생각하니 난감했다. 그러나 주위를 아무리 찾아보아도 보이지 않았다. 한참을 뛰어다닌 후에야 길모퉁이에서 엄마 아빠를 찾아 두리번거리는 아이를 발견했다. 짧은 순간이었지만 얼마나 가슴 졸였는지 모른다.

그 일이 있고 나서 큰딸에게 우리 집 주소와 전화번호를 반드시 기억하도록 했다. 어느 날 차를 타고 가면서 갑자기 집 주소와 전화번호를 물어보았다. 그토록 숙지하라고 주의를 주었는데, 대답을 못하는 것이었다. 몇 번을 더 물어보아도 아이는 대답하지 못했다. 화가 치민 나는 인적이 뜸한 다리 위에 아이를 혼자 내려놓았다. 그래야 다음부터는 전화번호를 잘 기억하겠다고 생각한 것이다.

차 안에 앉아 사이드미러로 뒤를 보았다. 아이는 어쩌지를 못하고 마냥 울고만 있었다. 아내가 나를 다그치고 또 설득했다. 결국 아내의 뜻에 굴복하여 다시 아이를 태우고 가던 길을 갔다.

딸이 한 스무 살쯤 되었을 때 불쑥 나에게 한마디 던졌다.

"아빠, 그때 너무했어요. 어떻게 어린애가 집 전화번호를 기억 못한다고 버려두고 갈 수 있어요? 동생한테는 안 그랬으면서 왜 나만 그렇게 혼냈어요?"

나는 깜짝 놀랐다. 아주 어렸을 적 일을 기억하는 큰딸의 기억력에 놀랐고, 얼마나 마음에 상처가 되었을까 짐작할 수 없어서 놀랐다. 생각할수록 미안했고, 가슴 아팠다. 단지 아이를 잃어버릴 뻔했던 놀라움에, 또 발생할지도 모른다는 걱정에, 슬기롭지 못한 행동을 했다는 것을 깨달았다. 내 생각대로만 잘못된 방향으로 아이를 가르치려 했던 나를 발견했다.

큰딸이 얼마나 놀라고 당황했을까? 어린 마음에 얼마나 상처를 입었을까? 진심으로 딸에게 사과를 구하고 싶다. 놀라게 해서 미안하다고, 아빠가 욕심만 앞섰지 많이 부족했다고.

뒤늦게 작은딸의 마음도 헤아려졌다. 언니를 차에서 내리게 하고 엄마 아빠랑 차를 타고 갔을 때 언니 못지않게 큰 상처를 받았을게 틀림없다. 엄마 아빠 말을 듣지 않으면 내쳐진다는 두려움을 느꼈을 것이다. 나는 아빠로서 어린 딸에게 아빠에 대한 공포를 심어준 것이다. 참 무모하고 부끄러운 행동이었다. 이제라도 두 딸에게 용서를 구하고 싶다.

일반적으로 언니는 동생에게 책임감을 느끼고 최선을 다한다.

은연중에 부모를 대신하는 것이 언니이고, 동생을 챙겨야 한다고 훈육해왔기 때문이다. 그러나 맏이로서의 자리가 오래되면 책임감이 과해져서 동생을 간섭하거나, 때로는 함부로 말하여 마음에 상처를 주기도 한다. 동생도 언니를 믿고 따르고 좋아하지만 언니의 자리와 역할로 인해 부모에게 사랑과 관심을 덜 받는다고 서운해할 수 있다. 또한 언니의 통제와 간섭에 거부감을 느끼기도 한다.

몇 해 전 유튜브에서 한 자매가 화제가 된 적이 있다. 어린 자매가 다투는데, 야무진 동생이 "언니가 언니다워야 언니지?"라고 했던 말이 기억난다. 맞는 말 같다. **그러면 어떻게 해야 언니가 언니답고, 동생은 동생다운 것일까?**

언니에게는 동생의 인격을 존중하는 것이 무엇보다 중요하다. 언니는 예의 바른 행동, 책임감 있는 태도로 생활에 모범을 보이며, 언어 사용에 주의를 기울여야 한다. **동생**은 언니를 잘 따르고, 그늘막이 되어주는 언니에게 감사하는 마음을 가져야 한다. 다만 자기의 일을 꼼꼼히 잘 챙겨 자립성을 가져야 한다.

자매 사이에 갈등이 없을 수는 없다. 다만 서로의 갈등은 대화로서 풀어야 바람직하다. 대화가 잘 안되면 메모나 카톡 등의 방법으로 의견을 교환해도 좋겠다. 그래도 해소되지 않으면 부모의 도움을 빌렸으면 한다. 또한 속으로는 서로 욕하고 다투더라도 선을 넘지는 말아야 한다. 선을 넘으면 자매 사이에 금이 갈 수 있다. 자매

사이가 벌어지면 험한 세상에서 어떻게 서로 믿고 의지하며 살아갈 수 있겠는가?

한집에서 같이 사는 자매는 권리와 함께 의무도 생각했으면 한다. 각자의 사적 공간을 보장받을 권리도 있지만 공용 공간에서는 자신이 사용한 부분은 깔끔하게 정돈하는 등 책임을 다해야 한다.

자매는 따뜻하게 서로를 의지했으면 한다. 세상살이에 지치고 힘들 때 기댈 수 있고, 힘이 되어주면 좋겠다. 가끔 둘이서 분위기 좋은 카페와 맛집을 찾고, 쇼핑과 여행을 같이 가면서 재미나고 우애 있게 살아갔으면 한다.

자녀 교육은
차라리 모자라게

가시 없는 나무가 되리라

내 속에 또 다른 내가 있다.

그저 꿈 속 미래의 모습으로 자라나길 바라면서

그저 보기 좋은 사람으로 성장해 가길 바라면서

그저 구시대인 내가 바라는 모습이길 바라면서

그저 자식자랑 삼고픈 자리로 자라길 바라면서

내가 80살을 사는 세대에서 그 기준으로

네가 100살을 살아갈 먼 날이 있음에도

나의 조급함으로, 나의 지나친 기우(杞憂)로

나의 꼰대 기준의 모습과 나이의 모습으로

나의 욕심을 너에게 계속 가져왔다.

그러나 이제는 조금 알 것 같다.

불필요한 나의 가시를 떨구어 버리고

구시대적이고 너보다 짧은 생을 살아갈

나의 지나치게 돋은 가시를 떨구고

진짜 가시 없는 나무가 되어주어야 함을⋯⋯

내 속의 또 다른 나를 완전히 버려야 한다는 것을⋯⋯

내 속의 또 다른 나를 버려 버리고

가시 없는 넉넉한 그리고 따뜻한 나무가 되리라.

어린 새가 그저 맘껏 먹는 곳이 되고,

어린 새가 그저 편히 쉴 곳이 되리라.

사랑한다. 나의 어린 새야!

　세월호 참사를 보면서 사랑하는 딸들이 생각났다. 그리고 딸들을 생각하며 나는 이 시를 썼다. 자녀 교육에 글을 쓰려 마음먹었을 때 이 시가 떠올랐다.

　자녀는 누구에게나 소중하다. 그리고 자녀를 올바른 사람으로 성장시키는 자녀 교육도 소중하다. 〈가시 없는 나무가 되리라〉를 썼던 그 애틋한 마음으로 자녀 교육에 대해 몇 줄 적고자 한다.

　자녀 교육은 어떻게 해야 잘하는 것일까? 참 크고, 영원한 숙제가 아닐 수 없다. 철저한 교육으로 만들어진 독일의 괴테에게서 그 방향을 찾고 싶다. 독일 프랑크푸르트에 있는 괴테하우스는 자녀 교육의 성지(聖地)로 여겨지는 곳이다. 괴테의 부모가 자식을 훌륭한 인재로 키우기 위해 철저한 교육 프로그램으로 교육하여 결국 아들 괴테가 대문호로 대성할 수 있었기 때문이다.

아버지의 극성적인 교육열로 괴테는 어릴 때부터 라틴어, 영어, 이탈리아어, 히브리어 등 다수 언어를 배웠다. 뿐만 아니라 음악, 미술 등 예술교육, 호메로스, 베르길리우스 등의 문학교육, 루터의 성경 등 종교교육, 감당할 수 없을 만큼 다양한 분야를 학습했다. 무척 힘든 과정이었다.

그럼에도 불구하고 그 어려운 과정을 버틸 수 있었던 것은 어머니의 침상교육 덕분이었다고 한다. 어머니는 아들이 잠들기 전에 침대맡에서 전래동요와 재미있는 이야기를 들려주었다. 그러나 결말을 들려주지 않음으로써 아들의 상상력을 자극했다. 그리고 어린 괴테가 혹독한 교육으로 지쳐 힘들어하자 이탈리아 전역을 여행하게 한다. 그 여행은 괴테가 대작가로 천재성을 완성하게 되는 배경으로 작용한다. 결국 **아버지의 적극적인 교육과 어머니의 따뜻한 상상력의 교육이 균형을 이루면서 괴테라는 천재가 탄생한 것이다.**

그러나 주목할 점은 이러한 부모로부터의 교육 영향을 잘 받은 천재 괴테도 그의 자식 교육에는 실패했다는 것이다. 괴테는 아버지가 자신에게 했던 것처럼 온갖 열정을 다해 교육, 취직, 여행 등

전반적인 문제까지 개입했다. 그런데 괴테의 지나친 관심이 아들에게는 족쇄로 작용했다. 아들은 아버지의 지나친 관심과 기대에 힘들어하다가 극한 우울증과 알코올중독에 빠진다. 그러자 괴테는 자신이 힘들 때 부모가 여행을 보내준 것을 기억하고, 이탈리아로 여행을 떠나게 했다. 그러나 아버지 괴테의 권유로 떠난 여행에서 아들은 요절하게 된다. 결국 부모의 지나친 요구가 자녀를 불행하게 만든 것이다.

괴테 집안의 사례에서 보듯이 천재를 길러낸 교육방식도 후대에는 적용되지 않고 실패했다. 자녀의 개성과 능력이 모두 다르기 때문이다. 자식 교육은 지나친 것보다는 차라리 모자라는 것이 낫다. **자녀의 능력에 맞는 수위 조절과 적용이 필요하다. 더 중요한 것은 믿고, 기다려 주고, 재촉하지 않는 것이다. 그것이 모자란 교육이다.**

첨언하자면, 자녀에게 "사랑한다"라고 말해주는 것도 좋은 교육이 된다고 생각한다. **사랑한다는 한마디는 '완전히 네 편으로서 지지하고 응원하고 있음'을 표현해주는 말이기에 자녀에게 큰 힘이 될 것이다.** 부모의 응원과 따뜻한 온기에 자녀는 위로를 받고 앞으로 나아갈 수 있는 힘을 얻게 될 것이다.

삶의 현장에서
행복한 신앙생활을
누리기를

바쁘게 살아서 푹 쉬고 싶다고, 얽매이는 것과 헌금 강요가 싫다고 신앙생활을 기피하는 사람도 있다. 심약하지도 않고, 외로움은 SNS나 페북, 인스타 등 다양한 동아리 활동으로 해소된다며, 꼭 종교생활을 해야 하는지 의문을 갖는 사람도 있다.

그러나 **인간은 아무리 과학과 의료기술이 발전한다고 해도 병들고 죽는 유한(有限)한 존재이다.** 각종 질병과 재난, 사고 등으로부터도 자유로울 수 없고, 내일을 기약할 수도 없다. 모바일과 사회활동을 아무리 많이 해도 채워지지 않는 공허함은 분명 있다. 사람의 기본적인 욕심으로 인해 정서적 안정과 행복을 보장하기도 어렵다. 신앙생활을 통해 이러한 문제들로부터 자유로워질 수 있다. **고난에도 다시 일어나는 삶, 지혜로운 삶, 사랑하는 사람들과 더불어 사는 삶이 가능해진다. 신앙은 모든 문제를 넘어서는 영적 평**

안함을 준다.

딸들은 **건강한 교회를 다녔으면 한다.** 몸집만 크고 외형이 화려한 교회가 아니라 이웃과 더불어 나누는 교회였으면 한다. 교회를 오래 다닌 사람이나 처음으로 교회를 찾은 사람, 잘 사는 사람이나 형편이 어려운 사람, 누구든지 편하게 다닐 수 있는 교회면 좋겠다. 직분에 따른 서열과 차별이 없고, 목사가 성도들을 섬기는 교회, 형식에 의해 강요되는 것이 아니라 자신의 상황과 형편에 맞게 헌금하고, 정형화된 형식에 매이기보다 자유로움 속에서 자발적으로 움직여가는 교회, 그런 교회가 편하게 다닐 수 있는 교회다. 또한 건강한 교회다.

나의 딸들이 신앙생활에서 다음 몇 가지를 고려하기를 바란다.

먼저 **소모임 활동에 반드시 참여했으면 한다.** 소모임을 통해 신앙 안에서 삶의 어려움과 문제들을 나누고, 서로 기도하며 지혜를 얻기 바란다. 모임을 통해 신앙이 성장할 수 있는 기회를 얻을 수 있다. 또한 연대가 형성되어 삶이 따뜻해지고 풍요로워지게 될 것이다.

둘째, **삶과 신앙이 균형을 이루었으면 한다.** 가족과 이웃의 행사, 어려운 문제나 중요한 일상을 뒤로하고 지나치게 종교에 몰입하여 가족관계와 사회관계가 어려워지는 것은 바람직하지 않다고 본다. 가족들과 이웃이 '나'를 필요로 할 때, 그곳에서 신앙인다운 모습으로 행동하고 드러나면 좋겠다.

셋째, **적극적인 봉사활동과 자연스러운 헌금 생활이다.** 봉사는 자신이 잘할 수 있는 분야를 찾아서 적극적으로 참여했으면 한다. 봉사는 이웃을 돌아보는 따스함과 넉넉함을 안겨준다. 그리고 헌금은 형식이 아닌, 자발적인 의지와 감사에 의해 자연히 드려지게 되면 좋겠다. 그리고 어렵고 딱한 처지의 이웃을 본다면 자기의 호주머니를 내어줄 수 있는 생활 속 헌금을 적극 실천했으면 한다.

넷째, **삶으로 이어지는 신앙생활이 되었으면 한다.** 교회로만 국한되지 말고 일상 속에서 예배하고 기도했으면 한다. 그리고 주변의 어려움을 살펴서 이웃들이 '나'의 삶을 보고 자연스럽게 교회를 찾게 되는, 그런 가치 있는 믿음을 가졌으면 한다.

무엇보다 삶이 바쁘고 피곤하더라도 신앙생활은 꼭 챙겼으면 하는 바람이다. 그래서 **세상 사람들과 조금은 구별되는 삶을 살았으면 한다.** 삶의 현장에서 아름답고 행복한 신앙생활을 하면서, 이웃에게 좋은 영향을 주는 건강한 신앙생활을 해나가면 좋겠다.

딸에게 바라는
아빠의 욕심

아빠가 딸들에게 바라는 욕심이 있다. 아름다운 삶을 살았으면 좋겠다. 아빠가 생각하는 **아름다운 삶이란 삶의 결과가 아니라 과정에 있다.**

아빠로서 바라는 욕심은 7가지다.

첫째, **꿈을 향해 열정이 있는 삶을 사는 것이다.** 꿈을 계속 간직하고 있으면 반드시 실현할 기회가 온다. 건강한 목표를 세우고, 꿈을 실현하기 위해 계획하고, 실행하고, 절대 포기하지 않았으면 한다. 열정 없이 이루어지는 것은 아무것도 없다. 아기의 걸음마도 2,000번 이상 넘어지고 나서야 가능해진다고 한다.

둘째, **사랑할 줄 아는 삶이다.** 사랑을 받지 못하는 것은 슬프지만, 사랑할 수 없는 것은 더 안타깝다. 사랑을 받고 싶다면 먼저 사랑스럽게, 사랑받도록 행동해야 한다. 상대를 미워하지 않도록 노력하고, 마음속으로만이 아니라 말과 행동으로써 사랑을 표현하는 것이 중요하다.

셋째, **건강을 지키는 삶이다.** 건강은 꿈을 실현하고, 행복한 삶을 누리기 위해 필수적인 것이다. 건강을 잃으면 모든 것을 잃는다고 했다. 생활 속에서 운동습관을 만들었으면 한다. 아빠로서 후회되는 것 중의 하나가 운동하는 삶을 전해주지 못한 것이다. 운동하고 잘 먹고 잘 자는 건강한 삶을 사는 딸이면 좋겠다.

넷째, **독서하는 삶이다.** 책은 하나의 세계이고, 하나의 인생이다. 현명한 사람은 책을 활용한다. 어려운 세상살이다. 책에서 길을 찾는 습관을 가지면 경쟁사회에서 현명하게 살아갈 수 있는 길을 찾을 수 있을 것이다.

다섯째, **시간을 잘 관리하는 삶이다.** 세상이 불공평하다고 해도 오직 시간만은 누구에게나 공평하게 주어진다. 돈을 잃어버리면 찾고자 하지만 낭비된 시간을 찾고자 하는 사람은 많지 않다. 10분, 1시간, 하루를 그냥 허비하지 말고 소중하게 사용했으면 한다. 시간은 아껴 쓸수록 삶은 더 여유로워진다는 사실을 확인하길 바란다.

여섯째, **원만한 인간관계를 유지하는 삶이다.** 사람은 죽을 때까지 후회하는 것이 인간관계라고 한다. 풍성하고 행복한 삶은 사람들과의 좋은 관계에서 나온다. 먼저 자신부터 좋은 사람, 신뢰할 만한 사람이 되었으면 좋겠다. 얼굴에 미소를 지으며, 이웃과 나누고 베푸는 삶을 살아가길 바란다.

마지막으로 **신앙 안에서 감사하고 겸손한 삶을 살았으면 한**

다. 고난이 와도 믿음으로 견뎌내고, 좋은 일이 있더라도 믿음 속에서 겸손하게 살았으면 한다. 독립을 해도 믿음 안에서 행복한 가정을 잘 가꾸어 나가기를 소망한다.

아빠는 욕심으로 두 딸들에게 또 잔소리를 한다. 사랑하는 우리 딸들이 각자의 삶을 주도적으로 잘 꾸려갈 것으로 믿으면서.

세상 부모가 다 똑같은 것 같다. 자식이 행복하기를 원하는 욕심이 없는 부모가 몇이나 될까? 한 명이라도 있을까? 나의 친구들 중에 부모된 사람들이 꽤 많다. 나와 똑같은 욕심을 가진 이들의 글 두 편을 소개한다. 부모로서 아들에게 보내는 편지글이다.

친구가 아들에게 쓴 편지 1

사랑하는 아들! 지난 4년 동안 학업과 훈련을 함께 하느라 고생 많았다. 어느 한곳에 매몰되지 않고 중용을 지켜온 아들, 이제 학생 신분에서 대한민국 육군 소위로 거듭나는 아들이 대견스럽고 자랑스럽기 그지없구나. 장교의 인생을 출발하는 우리 아들을 마음껏 축하해주지도 못하고 계급장을 직접 달아주지도 못하는 현재의 상황이 못내 아쉽구나. 아버지의 뒤를 이어 우리 사회의 주춧돌 역할을 하는 22만 ROTC의 일원이 된 것을 축하한다. 선후배들과 관계 잘하고, 명예를 소중히 생각하는 일원이 되어주길 바란다.

아들아, 장교로 산다는 것은 쉬운 여정이 아니란다. 하고 싶은 일보다는 해야만 하는 일을 먼저 해야 하고, 조직을 위해서는 과감하게 자신의 이익을 포기할 줄도 알아야 한단다. 숨을 쉬기도 힘든 더위와 살을 에는 혹한 속에서 때로는 지치고 힘들겠지만, 책무와 명예를 먼저 생각하고 자신을 담금질하는 장교가 되기 바란다. 생활을 하다 보면 불합리한 상관을 모실 때도 있고, 상식적으로 이해할 수 없는 부하를 만날 때도 있을 거야. 항상 상대방의 입장에서 다시 한 번 생각하고 이해하려는 마음이 중요하단다. 그러나 인정에 치우쳐 정의와 중심을 잃어서는 안 되겠지?

탈무드에 "승자의 호주머니에는 꿈이 있고, 패자의 호주머니에는 욕심이 있다"라는 말이 있단다. 꿈과 탐욕의 경계선은 애매하지만 분명한 것은 꿈은 결과가 아니라 과정이라고 말해주고 싶구나. 꿈을 향해 한 걸음 한 걸음 다가가는 시간들이 바로 행복이란다. 속도는 중요하지 않단다. 멈추지 않으면 언젠가는 그곳에 도달하게 된다는 진리를 알았으면 좋겠다.

아들아, 꿈을 위해서는 포기해야 하는 것들도 많고, 자기 자신을 끊임없이 채찍질해야 하는 고통도 있겠지만, 그 과정 자체가 행복으로 가는 길이라 믿고 당당하게 달려가거라. 네가 가는 길은 주님께서 지켜주시고 아버지가 뒤에서 밀어줄 테니 자신 있게 밀고 나가거라. 꿈을 이루기 위해서는 세밀한 계획이 필요하고, 행동으로 옮기는 실천이 뒤따라야 한단다.

아들아, 교육입소 전까지 시간이 조금 있으니, 네 인생에 대한 큰 그림을 다시 한 번 그려보고 구체화하는 시간이 되었으면 한다. 낯선 환경에서는 누구나 위축되고 두려워지기 마련이란다. 우리 아들은 잘 이겨낼 것이라 믿는다. 교육 기간에는 무엇보다 장교로서 기본이 되는 체력, 영어, 독서를 하는 습관을 길러보길 바란다. 아들, 임관을 다시 한 번 축하하고, 너의 앞날에 주님의 은혜가 가득하길 기도한다.

친구가 장교로 임관하는 아들에게 쓴 편지글 중에서

친구가 아들에게 쓴 편지 2

작고하신 부친께서는 고향 부여에서 한문을 가르치셨다. 때론 무섭고 거리감이 느껴질 만큼 나에게는 항상 엄하시고 올곧은 분이셨다.

172

고등학교 1학년 때 나의 담임선생님은 기술과목을 담당하셨는데, 어릴 때 소아마비로 한쪽 다리를 거의 사용하지 못하는 중증 장애인이셨다. 어느 날 점심시간에 나는 주전자의 보리차를 먼저 먹으려고 친구와 다툼을 했다. 때마침 그 상황을 목격하신 선생님은 친구를 배려하는 마음이 없다고 호되게 꾸짖으시고 회초리까지 드셨다. 억울한 마음에 집에 돌아와서 아버지께 말씀드렸다. 맘속에는 아버지도 교사시니 전화 한통해서 항의를 해 달라는 마음이 있었다.

그러나 나의 아버지는 오히려 "정말 좋은 선생님을 만났구나." 라며 그냥 웃어넘기려 하셨다. 그래서 "너무하시는 것 아니에요?"라고 했다. 아버지는 "네가 아직도 뭘 잘못했는지, 담임선생님이 네게 무엇을 깨우쳐 주시려 했는지 모르겠냐?"라고 하시며 야단만 더 치셨다.

학교 봄 소풍은 전교생이 교련복을 입고 정릉에 집결하여 북한산을 등반하고 우이동으로 내려오는 전통이 있었다. 아침 9시 출발지에 모두 모였을 때 담임선생님의 모습은 보이지 않았다. 친구들은 몸이 불편하셔서 못 오신다고 그렇게 생각하고 있었다. 모처럼 즐겁게 가는 소풍이지만 담임선생님이 없이 가니 마치 부모 없는 자식 같은 마음이 들고 행군할 때도 힘이 빠졌다. 산 정상까지는 젊은 학생들에게도 숨이 가파를 정도로 힘든 산

길이었다. 서너 시간 후 정상에 도착할 무렵 멀리서 눈에 익은 모습으로 누군가가 환하게 웃으며 "어서들 와라."하고 큰 소리로 불렀다. 다름 아닌 우리 선생님이셨다. 우리들은 환호와 함성으로 선생님을 반갑게 맞았다. 그리고 한목소리로 "아니 선생님 어떻게 올라오셨어요?" 하자, 옆에 계시던 선생님께서 "이 녀석들아, 너희들 실망할까봐 새벽 5시에 미리 출발하셨단다." 라고 하셨다. 우리 반 모두는 담임선생님 이름을 연호하며 헹가래를 쳤다. 그날 봄 소풍은 평생 잊지 못할 기억으로 남았다.

1989년 같은 대학, 같은 과 여학생을 캠퍼스 커플로 만나 10년을 사귄 후 결혼했다. 그 당시에는 사회적으로 지위가 있는 국회의원이나 대학 교수 등 유명한 분을 주례로 모시는 분위기였다. 결혼식 날 지인이 "주례는 누구를 모셨냐?"라고 묻기에 "제가 가장 존경하는 분."이라고 답변 드렸다. 지인은 국회의원, 전임 경찰청장이 하객으로 앉아 계신 것을 보고 더 유명하신 분이 주례를 맡은 것으로 생각하신 듯했다.

드디어 결혼식이 열리고 주례 순서가 되었다. 그런데 불편한 다리로 쩔뚝이며 중앙통로에서 걸어오시는 연로한 분이 계셨다. 사회자가 말했다.

"지금의 신랑이 있기까지 영향을 주신 분이 많이 계시지만 사람 됨됨이와 인성을 깨우쳐 주신 참스승이신 고등학교 1학년 담임선생님을 모셨습니다."

나는 그날 선생님께서 해주셨던 주례 말씀을 지금도 기억하며 살고 있다.

사랑하는 아들아! 지식을 전하는 것이 교사의 중요한 책무일 것이다. 그러나 아빠는 네가 교사보다 참스승의 길을 걸어갔으면 하는 바람이다. 한 사람의 인생에 깨우침을 주는, 평생 기억될 수 있는 그런 참스승. 아들은 분명 그리 하리라 믿으며 항상 응원한다.

　　　　　친구가 교대에 입학한 큰아들에게 쓴 편지글 중에서

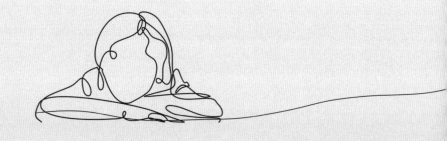

Chapter 3

딸,
당당한
사회인으로
살아가기를

월요일을
부드럽게 시작하기

　회사에 출근하고 싶은 사람은 과연 몇이나 될까? 특히 월요일에 직장에 나가고 싶은 사람은 있을까? 매주 첫날 월요일은 누구에게나 육체적, 정신적으로 피곤하게 느껴지는 날이다. 대부분 무겁고 처진 몸으로 출근한다. 그렇게 힘든 출근을 해서 책상에 앉자마자 바로 업무를 수행하기는 오래된 직장인도 결코 쉽지 않다.

　주말에 망가진 생체리듬 탓인지 한 주가 시작되는 월요일에는 여러 모로 피곤하고 무기력하게 느껴지는 월요병이 발생한다. 월요일에는 많은 사람들이 지각하고, 월요일에 만든 제품에서 불량률이 가장 높다고 한다. 월요일에 사직서를 가장 많이 제출하고, 심장마비도 가장 많이 발생한다고 한다. 그래서 외국 기업 중에는 월요일에 재택근무를 하는 기업도 있다고 한다. 국내에도 이런 기업이 있는지는 모르겠으나, 월요일에 즐거운 업무나 이벤트를 기획하여 가볍게 업무를 시작하는 기업은 있다고 한다.

어떻게 하면 월요병을 극복하면서 좀 덜 부담스러운 출근을 할 수 있을까? 먼저 **출근 하루 전 휴일인 일요일을 잘 보내야 한다.** 일요일 낮에는 적당한 운동으로 몸을 기분 좋을 정도로 피로하게 만들 필요가 있다. 침대와 소파를 벗어나 가족들과 산과 들, 야외로 나가서 즐겁게 보내면 더욱 좋을 것이다. 운동이나 나들이 후에는 따뜻한 물로 샤워를 하고, 자정 전에는 반드시 잠자리에 들어 수면을 충분하게 취하도록 한다. 몸이 적당히 피곤한 상태라 숙면을 취할 수 있을 것이다.

월요일에는 평소보다 30분 정도 일찍 일어나는 것이 좋다. 아침을 든든하게 챙겨 먹는 것은 기본이다. 출근복으로 가장 좋아하는 옷을 선택해서 입으면 기분도 가벼워진다. 30분 일찍 출근해서 사람을 맞이하면서 먼저 인사하고, 가까운 동료와 커피 한잔하면서 이야기를 나누는 여유도 가져보자. 머리를 쓰면서 집중하는 업무는 오후 시간대로 조정하고, 오전에는 가볍고 단순한 업무를 먼저 하도록 한다. 중식 후에는 햇볕을 받으며 잠시 걷는 것을 추천한다.

마지막으로 월요일 업무를 마치고 **퇴근 후에는 내가 좋아하는 행복한 취미활동을 해보자.** 그러면 월요일 첫날이 은근히 기대되고 설렐 것이다. 부서장이나 팀장을 맡고 있다면 월요일 첫날은 과도한 업무나 딱딱한 회의로부터 시작되지 않도록 고려할 필요가 있다. 팀원들과 부담스럽지 않게 좋은 분위기로 시작해야 업무 성과가 더 높다는 통계도 있다.

월요병에는 위아래가 없다. 윗사람, 아랫사람 모두 월요일을 힘들게 시작한다. 따라서 서로가 서로를 배려하는 마음가짐이 필요하다. 상대방이 한 주의 첫날을 즐겁게 시작하면, 자신 역시 즐겁게 시작할 수 있다. 그러면 모두가 즐거워진다. 월요병에는 '즐거움' 이상 가는 특효약은 없다.

즐거운
회식을 위하여

회식은 좋은 자리인데도 불편하다거나 하고 싶지 않다고 하는 사람이 많다. 설문에 따르면 70% 정도가 회식이 스트레스를 유발한다고 한다. 심지어 술자리의 부담이 야근 스트레스보다 2배가 더 높다는 통계도 있다. 그래서 회식에 참석하느니 차라리 업무를 하겠다는 사람도 나오는 것이다.

그런데도 우리는 왜 회식을 하고, 회식에 집중하는가? 주관자가 생각할 때 보기가 좋기 때문일 것이다. 주관자는 회식이 팀원들의 단합을 다질 수 있고, 자신을 중심으로 업무에 더 집중시킬 수 있다고 생각하기 쉽다. 그래서 회식을 하고, 회식 후에 '오늘도 조직의 분위기를 내가 살렸다!' 하고 착각하기도 한다.

그렇다면 어떻게 해야 부담이 없고 즐거운 회식이 될 수 있을까? 무엇보다도 주관자가 생각을 바꾸어야 한다. 주관자가 회식에 대한 고정관념을 갖고 있으면 아랫사람이 아무리 노력해도 분위기는 바뀌기 어렵다.

주관자는 **먼저 계급장을 떼고 위계질서를 없애야 한다.** 지정석을 없애고, 좌석을 선착순으로 편하게 앉도록 하면 좋겠다. 서빙은 윗사람이 하면서 심부름으로 눈치 보지 않게 하는 것도 좋은 방법이다. **회식을 통해 조직원들에게 봉사하고 섬길 수 있는 소중한 기회로 삼는 것이다.** 또한 회식에서는 으레 술을 마시기 마련인데, 운전 부담이 없도록 대리운전을 사전 조치해 두는 센스를 발휘하는 것도 도움이 된다. 물론 술이 없는 획기적인 회식도 기획해볼 만하다. 술이 싫어 회식을 기피하는 사람도 적지 않다.

둘째, **회식 일시, 장소, 진행 등 일체를 부서원들에게 맡긴다.** 윗사람 위주로 날짜를 정하지 말고, 부서원들이 선호하는 날을 선정한다. 윗사람의 입맛에 맞추지 말고, 부서원들의 다양한 취향과 기호를 고려하여 선택하게 한다. 주관자는 회식에 대한 주제만 분명히 정하고, 진행에 대해서는 부서원들이 계획하도록 맡겨두는 것이 좋다. 공연, 영화, 스포츠 관람, 클라이밍, 요리, VR게임, 봉사활동 등 다양한 회식 방법도 열어두면 좋겠다.

마지막으로 **회식 시간에 업무 이야기는 절대 금한다.** 어떤 형태의 회식이든 회식 자리가 업무의 연장선이 되는 것은 정말 최악이다. 특히 회식 자리에서 질책은 절대 삼가야 한다. 즐겁고자 하는 회식에서 질책은 회식 분위기를 완전히 경직시킨다. 그야말로 꼰대짓이 아닐 수 없다. 오히려 윗사람은 부서원들의 이야기를 많이 들어 주어야 한다. 여행, 영화, 요리, 레포츠 등 다양한 소재의 대화를 하고, 부서원들의 문화, 소통방식, 관심분야, 애로사항 등을 주의 깊게 들어 주어야 한다. **자신의 말을 줄이고 귀를 열어 상대방의 이야기를 들을 때 회식의 분위기는 밝아진다. 나아가 부서원들의 놀라운 면, 몰랐던 재능과 능력을 발견하게 될 수도 있다.**

회식은 즐거워야 한다. 기분 좋은 회식을 통해 조직은 화합되고, 더 많은 성과를 가져오게 될 것이다. 그러므로 모두가 원하는 즐거운 회식을 만들어야 한다.

칭찬의 힘과
질책의 힘

나는 회의 시간에 직장 상사로부터 호되게 질책을 받은 적이 있었다. 곁에 후배 직원도 있었고, 경쟁의 위치에 있는 직원도 있었다. 그런데 질책은 그 문제의 핵심도 아니었을뿐더러, 상사가 오해하고 있는 부분도 있었다. 그래서 자존심이 상했고, 그런 상사가 원망스러웠다. 잘못된 부분을 바로 잡아야 했지만, 억울한 마음에 휩싸여 제대로 된 대처를 하지 못했다.

사람은 누구나 세상에서 자신이 가장 소중하게 여겨지기를, 인정받기를 원한다. 누구나 칭찬을 원한다. 특히 직장과 같은 조직에서는 그러하다. 사람은 그렇게 약한 존재다. 약한 존재인 사람에게 질책은 스트레스를 초래하고, 업무 성과를 낮추고, 상호 관계를 더 힘들어지게 만든다. 그러나 칭찬은 성과를 높이고, 신나게 일할 수 있게 하고, 더 잘할 수 있게 만든다. 능력있고 강한 존재로 변화되게 한다.

그래서 우리는 칭찬에 인색해서는 안 된다. 칭찬을 하려면 먼저 소통부터 이루어야 한다. 정확한 사실을 확인하고, 객관성에 기초하여 긍정적인 면에 초점을 맞추고 대화를 해야 한다. 그래야만 잘못된 부분보다 잘한 부분을 정확히 볼 수 있고, 더 많이 볼 수 있다. 잘한 부분을 보았다면 그때 칭찬을 하면 된다. 칭찬을 할 때는 두루뭉술하게 하지 말고 어떤 부분이 좋았는지 구체적으로 칭찬하는 것이 좋다.'

직장생활을 하다 보면 부정적인 결과를 전해야만 할 때가 있다. 이때는 긍정적인 관계가 끊어지지 않도록 주의를 해야 한다. 평가적인 표현 대신에 객관적 사실에 집중해서 말하는 것이 좋다. 개인에 대한 질책은 화풀이에 불과하다. 또한 상대방이 소속된 조직에 대해 공격하는 것은 좋지 못한 행위임을 알아야 한다. 일의 본질에 대한 문제를 제기해야 한다. 올바른 대안을 찾고 긍정적 결과를 가져오도록 하는 데 집중해야 한다.

어떤 사람이 있는 사무실에는 사람이 모인다. 또 어떤 사람이 있는 사무실에는 모여 있던 사람도 흩어진다. 후자의 경우는 나쁜 말과 질책이 난무한 사무실이다. 그러한 행위는 사람을 떠나게 만든다. "그것도 못해?", "도대체 왜 그랬어?", "'그것밖에 안 돼?"와 같은 말들은 사람을 상하게 한다. 날카로운 가시가 있어 사람을 다치게 한다. 그래서 사람이 없게 된다.

칭찬의 말은 다르다. **따뜻하게 칭찬하면 사람이 모인다. 칭찬**

을 받은 사람은 더 잘하려고, 또 그렇게 변화되려고 노력한다. 가끔 따뜻한 커피 한잔을 내어주며 가볍게 칭찬도 내어주자. 그런 사람은 상대의 마음을 얻게 되고, 일도 잘되게 마련이다.

고래도 좋아하는 칭찬이다. 칭찬을 싫어하는 사람은 없다. 칭찬은 본연의 가치보다 더 많은 가치를 만들 수 있다. 나 역시 따뜻하고 칭찬을 잘하는 사람이 되려 한다.

서두에서 사람은 누구나 칭찬을 원한다고 언급했다. **칭찬을 원한다면 자신이 칭찬을 받게끔 행동하는 것도 중요하다.** 올바른 행동은 하지 않고 그릇된 행동만 하면서 칭찬만 바라는 것은 허황된 욕심이다. 그렇다면 어떤 행동이 칭찬을 불러올까? 직장생활에 한정해 10가지 팁을 제시한다.

직장생활에서 칭찬을 부르는 10가지 팁

1. 하루의 일과, 일주일의 일과, 한 달의 일과를 정형화한다.

2. 쉽게 언동하지 않고, 깊이 생각하고 행동한다.

3. 업무 독촉을 받지 않도록 미리 계획해서 일한다.

4. 부서장의 의도를 살펴서 업무를 추진한다.

5. 자기 업무에 정통하고, 전문지식과 기술을 갖도록 노력한다.

6. 다른 사람과 항상 밀접하게 협조하고, 겸손하게 대한다.

7. 부여된 임무는 유쾌하게 수행한다.

8. 안 된다는 생각보다 긍정적인 생각으로 문제에 접근한다.

9. 진행 사항은 수시 보고하고, 제한 사항은 대안을 가지고 보고한다.

10. 건강관리와 체력단련을 생활화한다.

감정은 내리고
대화는 올리고

똑같은 사람도 없을뿐더러, 사람마다 생각도 다 다르다. 비가 내리는 날이면 포근한 침대를 찾는 사람, 우산을 쓰고 산책하기를 좋아하는 사람, 영화관과 팝콘을 생각하는 사람, 빈대떡에 막걸리를 생각하는 사람이 모두 있다.

생각이 다른 사람이 모인 곳이 직장이다. 기질적으로 맞지 않거나 대화가 안 되는 사람도 있다. 그래서 사람관계에서 오는 갈등은 항상 존재하기 마련이다. 일보다 사람에 의한 스트레스가 더 힘든 경우도 많다. 자존심을 다치거나 인격적 모독을 당하는 경우 직장 생활을 견디기 어려워지기도 한다.

대화를 하는 중에 화가 나고 분노가 치밀어 오르는 경우가 있다. 이 경우 대화를 하는 목적에 집중하기보다 감정에 휩쓸려 간다. 심하면 일을 그르치고 관계가 단절되기도 한다. 단절된 관계는 회복하는 데 오랜 시간이 걸리기도 하고, 회복되지 않고 완전히 끝나버리기도 한다. 이런 서글픈 일이 발생하지 않으려면 어떻게 해야 할까?

우선 **상대의 분노에 바로 반응해서는 안 된다.** 상대가 화가 나서 공격할 때 똑같이 반응하지 않아야 한다. 상대가 공격을 하면 누구나 본능적으로 맞받아치려는 욕구가 생기고 무조건적인 반응을 하게 된다. 감정적 반응으로 대응하면 상대는 더욱 화가 나서 목소리가 커지게 되고, 급기야 문제 해결은 더 어렵게 된다.

상대가 분노할 때에는 상대방의 감정에 반응을 멈추고 '나'를 진정시켜야 한다. 화가 나지만, 심호흡을 크게 두세 번 한다. 그리고 상대방의 말에 집중해서 침착하게 끝까지 듣도록 한다. **상대의 말투가 아닌 말하는 내용에 집중하고 이해하도록 노력한다.** 이해되는 부분은 적극 반응해주고, 생각이 다른 부분은 정중하게 더 분명하게 이야기 해달라고 요구한다. 자신의 태도도 살펴야 한다. '나의 의견을 무조건 고집하고 있지는 않은가?', '상대방의 말 가운데 잘못된 부분을 찾아서 공격하고 있지는 않은가?' 돌아봐야 한다. 물론 쉬운 일은 아니다.

상대의 인격을 손상시키는 언행은 삼가야 한다. 상대를 자극하지 말고 끝까지 매너를 지키자. 심각한 언쟁은 말하는 사람의 태도가 불씨가 되는 경우가 많기 때문이다. **대화를 하고자 하는 목적과 대화 간에 발생 되는 감정은 분리할 줄 아는 지혜를 발휘해야 한다.** 또한 아무리 화가 나더라도 물리적 접촉을 상대에게 가하는 것은 절대적으로 피해야 한다.

행복한 사람은 사람과의 관계가 좋은 사람이다. 직장에서 부드러운 말, 배려하는 말은 좋은 업무 성과를 가져오기도 하지만 무엇보다 스트레스를 감소시킨다. 결국 '나'를 기쁘게 하며 행복하게 한다.

실력으로
인정받는다

영화 〈흐르는 강물처럼〉은 아름다운 자연을 배경으로 낚시하는 장면이 인상적이다. 주인공 브레드 피트가 큰 물고기를 잡았을 때 아버지는 그를 훌륭한 낚시꾼이라고 칭찬한다. 그런데 브레드 피트는 이렇게 대꾸한다.

"물고기처럼 생각하려면 아직 3년은 더 있어야 해요."

그리고 시간이 흐른 뒤 브레드 피트는 형과 낚시를 한다. 그는 강물 속에 들어가 물고기와 사투를 벌인 후 엄청난 물고기를 잡게 된다. 그러자 늘 시샘하던 형도 "넌 위대한 낚시꾼이야."라며 인정한다.

브레드 피트가 큰 물고기를 잡게 된 비결은 자기중심의 관점을 버리고 물고기의 입장으로, 물고기에게 감정을 이입하여 낚시를 했기 때문이다. 자신이 말한 것과 같이 물고기처럼 생각한 것이다.

아프리카의 척박한 땅에서 두루미 사냥으로 먹거리를 해결하는 부족이 있었다. 부족에서는 어린 친구들에게 사냥법을 가르치는 것이 아니라 들판에서 두루미 흉내 내는 연습을 먼저 하게 한다. 새가 되어봐야 새를 알 수 있고, 정확히 알수록 제대로 잡을 수 있다는 철학을 전수하는 것이다. **실력을 키우기 위해서는 목표로 하는 그 대상이 되어보는 것이 좋다.** 아프리카의 부족도, 영화 속 브레드 피트도 목표의 대상이 되어보았기에 자신의 일에 성공할 수 있었던 것이다.

직장에서도 마찬가지다. 일을 제대로 하려면 현장에서 직접 체험해 보아야 한다. 그러면 문제를 알게 되고 바른 해답을 찾을 수 있다. **이해는 머리와 말로 하는 것이 아니라 되어보고 느껴보는 것이다.** 현장에서 대상물의 입장이 되어보자. 그런 뒤 직접 경로를 따라가다 보면 문제점이 보이고 해결책이 보일 것이다. 그러면 자연스럽게 일이 즐거워질 것이다. 즐겁게 일하다 보면 어느새 인정받는 능력자가 되어 있을 것이다.

실력을 갖추기 위해 또 필요한 것은 끈기다. 문을 끝까지 두드리는 끈기에서 실력이 나온다. 어떤 의사가 병원 개원을 준비하는데, 이미 포화상태라 모두가 만류했다. 그러나 그는 포기하지 않고 수개월 동안 일만 가구가 넘는 가정을 방문했다.

"어디에 병원을 열어야 합니까? 개원은 언제가 좋을까요? 개원 후 저희 병원을 찾아주시겠습니까?"

이렇게 설문과 상담을 하며 발로 뛰었다. 수많은 사람이 답을 해주었고, 의사는 그것을 근거로 개원을 했다. 처음에는 다들 호기심으로 병원을 찾았다. 그런데 얼마 후에 수많은 환자가 치료를 목적으로 찾아왔다. 그 의사의 병원은 금세 유명한 병원이 되었다. **그의 성공열쇠는 포기하지 않고 현장에서 답을 찾기 위해 끈기와 집념으로 수많은 문을 두드렸다는 점이다.**

많은 사람들이 성패의 갈림길에서, 성공을 앞둔 목전에서 포기한다. 포기가 반복되면 자신감도 떨어지고, 삶도 점점 어려워진다. 세상은 어쩔 수 없이 거친 물속이다. 그 속에서도 포기하지 않고, 즐겁게 물고기를 낚는 진정한 낚시꾼을 나는 꿈꾸어본다.

꼰대와 신세대의 아름다운 직장생활

　직장은 기성세대, 중간세대, 그리고 젊은 신세대가 어울려 일하는 곳이다. 대부분의 조직은 신세대가 절대 다수를 차지한다. 젊은 친구들과 함께 일하기 위해 그들을 잘 이해하고 함께할 필요가 있다.

　기성세대는 자신의 젊은 시절을 돌아보면 신세대를 이해하는 데 많은 도움이 된다. 내가 신세대일 때 나의 상사는 퇴근 무렵 꼭 회의를 소집했다. 어떨 때는 "할 일 없으면 일찍들 퇴근해"라고 해놓고, 다음날 부하 직원에게 "일을 이렇게 처리하면서 매일 그렇게 일찍 퇴근했어?"라고 혼냈다. 휴가철에는 "나는 바빠서 못가지만 여러분들은 꼭 가라"라는 말을 던지며 은근히 부담을 주었다. 나는 그런 상사와 직장이 무척 싫었다. 다행히 그 시절은 내게 본보기가 되었다. 내가 기성세대가 되었을 때 나는 그 상사처럼 행동하지 않으려 조심했다.

기성세대는 늘 이렇게 말해 왔다. 요즘 세대는 주인의식이 없고, 책임감도, 끈기도 부족하다고. 충성심도 없고, 동료애도 없다고. 갖고 싶은 것은 다 사며 미래를 준비하지 않는다고. 틈만 나면 핸드폰만 한다고. 속된 말로 "우리 때는 안 그랬는데, 요즘 친구들은 이해할 수 없어"라는 것이 기성세대의 결론이다. 이런 생각과 태도는 조직에 바람직하지 않다. 세대가 다른 그들에게 맞추어 업무 환경을 개선해 나가고, 더 폭넓게 이해하고 수용할 수 있어야 한다.

우선 회의는 윗사람 중심이 아닌 전체 인원을 보고 계획한다. 효율적인 진행을 위해 종료 시간을 정하고, 업무가 단절되지 않도록 적절한 시간 안에서 진행한다. 회의가 불필요하다면 과감히 생략한다.

아랫사람에게 업무를 지시할 때는 원하는 바를 명확하게 전달한다. '알아서 하라'는 식의 업무 지시는 가능하면 삼간다. 마감일도 정해주는 것이 좋다. 이후 마감일까지는 차분하게 기다려주며 불필요한 중간 보고는 지양한다. 수시로 지시 사항을 변경하는 것도 바람직하지 않다. 아랫사람의 업무 결과가 마음에 들지 않을 때는 구체적인 방향을 다시 제시해주자. 그냥 '다시 해오라'는 식으로 퇴짜를 놓는 것은 일하는 사람의 사기를 떨어뜨린다. 그것은 결국 조직에 손해로 다가온다.

반대로 아랫사람은 상사와 이견이 생길 경우 자기의 생각을 고집하는 것은 좋지 않다. 차분하고 침착하게, 다양한 근거를 들어 설득하도록 한다. **우선은 상사의 지시대로 수행하고, 자신만의 생각 대로 만든 복안을 함께 제출하는 것도 좋은 방법이다.** 물론 이 방법에는 두 배의 수고가 들지만, 그만큼 인정받을 확률도 높아진다.

무엇보다도 아랫사람은 해보지도 않고 안 되겠다는 마음부터 먹는 행동을 지양해야 한다. 상사의 지시가 버겁거나 혹은 부당하게 느껴지더라도 일단은 긍정적인 방향으로 생각하는 태도를 가져야 한다. 다양한 방법론을 고민한 뒤 최선을 다해 해보고 당당하게 상사에게 평가를 받도록 한다. 그런 태도로 업무에 임한다면 설사 업무를 완수한 결과가 미흡하더라도 상사는 그 열정을 높이 살 것이다. 또한 능력에 맞는 업무를 지시하기 위해 더욱 배려를 할 것이다.

윗사람은 직장과 개인 생활이 조화를 이룰 수 있도록 조직을 이끌어가야 한다. 일방적인 개인의 희생이 강요되지 않도록 배려해야 직원들의 사기와 능률이 높아진다. 이를 위해 업무에 집중하는 시간을 정하고 습관적인 야근을 없애야 한다. 또한 상사가 휴가를 적극 사용함으로써 동료들이 일 때문에 휴가를 포기하지 않도록 신경 쓴다. 또한 퇴근 후, 주말에 문자나 카톡을 발송해서 휴식을 방해하지 않도록 한다. 신세대는 동호회나 모임을 통해 활기를 얻고, 그 활기로 근무 시간을 버틴다. 따라서 사회적 관계 맺기를 장려하는 것은 긍정적인 영향을 가져올 수 있다.

마지막으로 상사가 효율적으로 일하는 모습을 보여주어야 한다. 백 마디 말보다 한 번 실천하는 모습이 더 효과적이다. 상사가 솔선하여 효율적으로 일할 때 조직은 자연스럽게 변화된다. 조직의 핵심가치에 대해서는 기준을 엄격히 유지한 가운데, 때로는 직원들의 고충을 들어주고 넓게 포용해야 한다.

세대차는 옳고 그름의 문제가 아닌 다름의 문제다. 자기 세대의 잣대를 들이대는 순간 소통은 멀어진다. 서로에게서 긍정적인 면을 발견하는 눈을 가져야 한다. 세대가 잘 어우러질 때 더 즐겁고 희망찬 직장이 될 것이다.

소통,
설득의 처음과 끝

살아가면서 많은 설득을 하고, 또 설득당하며 산다. 후배의 설득으로 카드 발급, 친구의 설득으로 건강식품 구매, 동문의 설득으로 간행물 정기구독 등 뭔가 개운하지 않게 설득당하고, 계약하는 경우가 내겐 많았다. 확신이 없는 상태에서 그냥 떠밀리듯 하거나, 때론 이용을 당했다는 생각이 들 정도의 나쁜 설득도 있었다. 좋은 설득이 되려면 어떻게 해야 할까? '나'에게만 유익한 것이 아닌 '함께' 유익한 설득에 대해 몇 가지 고민해 보았다.

첫째, **설득하려면 상대방의 거부감을 이해해야 한다.** 사람은 설득하려고 노력할수록 원하는 결과를 얻기가 어렵다. 누군가가 나를 설득하려고 한다는 것을 느끼는 순간 심리적 거부감과 반발심이 작동한다. 나의 자존감과 이익을 침해당하지 않겠다는 방어기재 때문이다. 로미오와 줄리엣이 부모의 반대가 심할수록 오히려 사랑이 불타올랐다는 것과 같은 현상이다. 상대방의 본능적인 거부감을 줄이기 위해 설득하려는 사람은 미소로써 다가가는 것이 좋다. 본격적으로 설득에 들어가서도 부드럽게 이야기하고, 간간이 유머를 섞는 것이 좋은 방법이다.

둘째, **상대방의 입장을 이해하면서 설득해야 한다.** 상대가 처한 상황과 조건, 능력 등을 파악하고 대해야 한다. TV 예능 프로그램인 〈도시어부〉를 보면, 낚시 고수는 물고기가 좋아하는 물의 깊이와 온도, 이끼 상태, 바위 생김새, 물속 지형 등 모든 것을 파악하여 낚싯대를 드리우고 물고기를 낚는다. 우리는 이와 같은 낚시꾼이 될 필요가 있다.

셋째, **한 번에 성공하려는 조급함을 버려야 한다.** 영화나 드라마에서는 극적인 설득으로 성과를 달성하는 장면을 보기도 한다. 그러나 현실에서 그런 극적인 성공은 드물다. 일시적인 설득은 가능할지 몰라도 오랜 시간 신뢰를 얻는 완벽한 설득은 되기 어렵다. 멋진 말이나 카리스마로 잠깐 상대방의 마음을 살 수 있을지 몰라도 그런 행동은 약효가 오래 가기 힘들다. 따라서 설득하려는 사람은 우선 진실하게 이야기해야 한다. 충분한 정보를 제공하고, 요점을 정확하게 짚어 제시해야 한다. 혹시 잘못 전달한 부분이 있으면 솔직하게 인정하고 핑계를 대지 말자. 대화 이후에도 언행이 일치하는 모습을 보이는 것은 당연하다. 진정한 설득은 생활 속에서 꾸준히 오랫동안 쌓아 올린 신뢰에서 형성되는 것이기 때문이다.

마지막으로 **처음부터 끝까지 모든 과정을 함께 책임지려는 자**

세를 가져야 한다. 영화 〈패치 아담스〉에는 상상 속 다람쥐 공포에 떠는 사람이 나온다. 주인공은 그 인물과 함께 다람쥐와 한판 전쟁을 벌인다. 이 과정을 통해 그는 다람쥐에 대한 두려움을 극복하고 안정을 되찾게 된다. 주인공이 끝까지 도와준 덕분이었다. 책임은 상대방이 어려움에 처했을 때 반응하는 능력이다. 상대방에게 필요한 관심과 반응을 보인다면 거부감은 사라지고 오히려 신뢰가 쌓이게 될 것이다. 설득하고 싶다면, 그 사람과 함께하자.

인간관계에서 설득이 중요하지만 사실 더욱 중요한 것은 소통이다. 그러므로 '설득'은 '소통'을 위한 도구로 삼을 때 빛을 발한다. 자기 마음대로 상대방을 이끌려는 의도는 의도부터가 나쁜 설득이다. 자신의 주장을 관철시키는 것이 설득이 아니다. 상대방과 소통하는 것이 설득이라는 사실을 기억하자. 소통을 위한 설득은 나와 상대방 모두에게 유익하다. 나와 상대방 모두에게 좋은 변화를 일으킨다.

상대를 사로잡는
스피치

직장생활 초기에 여러 사람 앞에서 발표를 하거나 교육을 해야
할 경우가 많았다. 목소리가 떨리고, 말 속에 '어', '음' 등 불필요한
어투가 들어가거나, 말할 것이 기억나지 않아 발표가 끝난 후 아쉬
움이 많이 남기도 했다.

여러 사람 앞에 서면 불안하고 떨리는 마음은 누구나 가지고 있
는 보편적 증상이다. 그러므로 마치 자기 혼자만 겪는 난관을 만난
듯 떨 것 없다. 자신이 주도적으로 하는 것이기에 위축되지 말고,
잘 준비해서 자신감 있게 발표하면 된다. 청중은 연사의 말을 잘 들
어 주고, 잘 수용한다.

물론 발표 전에 사전 리허설을 해보는 것이 좋다. 리허설 과정을
녹화해서 본다면 크게 도움이 될 것이다. 그래도 많은 사람들 앞에
서 설 때 떨리는 마음이 있다면 크게 심호흡도 하고, 솔직하게 떨린
다고 고백해서 청중의 양해를 구하자. 익숙한 사람과 시선을 교환

하면서 발표를 하면 훨씬 편하게 진행할 수 있다.

발표력은 발표를 많이 해볼수록 좋아진다. 따라서 상황이 될 때 내가 하겠다는 적극적 자세로 임하며 자주 경험하는 것이 좋다. 여러 번 해보면 잘하게 되는 것은 당연하고, 여러 번 해보는 것 자체로 자신에게도 많은 도움이 되고 유익이 온다.

말하는 것이 중요하고, 말할 기회도 많은 사회다. 어떻게 하면 스피치를 잘할 수 있을까? 어떻게 하면 상대를 사로잡는 스피치가 가능할까?

첫째, **이야기의 시작을 잘 준비해야 한다.** 공통의 관심사, 자신이 잘 알고 있는 꽃말, 청중에게 주는 선물 등 다수의 관심을 끌 수 있는 밑밥(?)을 준비해서 시작하면 부드럽게 진행할 수 있다.

밑밥을 제공하는 과정에는 자기소개도 포함된다. 청중 앞에 서서 자기소개부터 해도 괜찮고, 방금 언급한 밑밥을 먼저 깔고 이어서 자기소개로 들어가도 무방하다.

소개팅에도 첫인상이 중요하듯이 자기소개는 첫인상을 좋게 만드는 작업이라고도 할 수 있다. 청중에게 첫인상을 좋게 보이면 스피치의 절반은 이미 성공한 셈이다. 성공적인 자기소개를 하려면 미소는 기본이다. 단정한 용모와 태도도 빼놓을 수 없다. 눈빛은 편안하게 하되 청중들과 눈을 맞추는 것을 잊어서는 안 된다. 청중 한 명 한 명과 적당한 시간 간격으로 자연스럽게 시선을 교환하도록 한다. 말투 또한 자연스러워야 한다. 시작 단계인 자기소개 단계부터 말투가 부자연스러우면 청중의 집중도는 '시작부터' 뚝 떨어진다. 자기소개에 시간을 너무 많이 할애하는 것도 금물이다. 상대의 관심을 유도할 만큼만 짧게 하고, 나머지는 본론 속에서 적절히 안배해 하는 것이 좋다.

둘째, **에피소드나 나의 이야기 등 비유를 들어가면서 말한다.** 꼭 전달해야 하는 내용에 대해 내 주장만 하거나 강한 전달자가 되는 것도 간혹 필요하지만, 서로의 경험과 삶을 이야기하며 공감하고 소통하는 것이 호응이 좋다. 우화, 속담 등을 비유로 들거나, 위인의 사례, 유명한 실제 사례 등을 예시로 삼는 것도 전달력을 높인다.

셋째, **중요한 사항을 말하거나 강조하고 싶을 땐 말을 잠시 멈추거나 작은 목소리로 이야기한다.** 말을 잠시 멈추거나 작게 이야기하면 시선과 귀를 집중시킬 수 있다. 적당하게 제스처를 섞는 것도 좋은 방법이다. 단, 지나치게 많은 제스처는 스피치의 분위기를 산만하게 만드니 조심하자.

넷째, **말하는 주제와 내용을 꼼꼼하게 구성하고 리허설을 해본다.** 도입-본론-마무리 부분까지 짜임새 있게 구성하고, 미리 발표를 해본다. 그것을 녹화한 영상을 꼼꼼히 보면서 보완할 점을 찾는다.

마지막으로 **또박또박 크게 말하면서도 청중의 목소리를 잘 들어야 한다.** 작은 목소리는 자신감과 호소력이 없어 보이므로 분명하고 자신감 있게 말해야 한다. 그리고 중간중간 청중과 대화하면서 청중의 이야기를 주목하고 잘 들어야 한다. 필요하면 메모를 해서 정확하게 하나하나 설명한다. 모르거나 애매한 것은 어영부영 넘어가려 하지 말고 솔직히 시인한다. 그리고 확인해서 나중에라도 꼭 알려주도록 한다.

대중 앞에서 자신감 있게, 당당하게 말하고 싶다면 잘 준비하고 연습하며, 반복하는 것이 최선의 방법이다. 언젠가는 즐기면서 상대방을 사로잡는 멋진 스피치를 하고 있는 자신을 발견하게 될 것이다.

조직을 살리는
관리자와 조직원

직장생활을 하다 보면 다양한 관리자를 만나게 된다. 똑똑하고 능력 있는 사람, 무능하지만 열심인 사람, 착하기만 하고 무능한 사람 등. 그런데 이구동성으로 욕을 먹는 사람이 있다. 인격적인 성숙이 부족하거나 자기의 목표를 위해 조직원들의 희생을 강요하는 사람이다.

고전소설 《백경》은 한 인간이 모비딕이라는 크고 흰 고래를 추적하는 이야기다. 선장 에이허브는 고래를 잡던 중 백경 모비딕에게 한쪽 다리를 잃게 된다. 복수심으로 가득 찬 그는 선원들의 안위를 외면한 채 태평양을 건너서 모비딕 추적에 집착한다. 그러다 일본 근해에서 모비딕을 발견하고 사흘간의 사투를 벌인다. 그러나 배는 침몰당하고, 선원은 대부분 익사한다. 에이허브 자신도 고래작살을 끝까지 붙들고 있다가 물속으로 끌려들어가 죽고 만다. 선장 에이허브는 동료들의 희생은 외면한 채 자기의 목표에만 집착했다.

한계를 뛰어넘는 무리한 목표에 수단과 방법을 가리지 않았다. 그는 최악의 관리자였다.

관리자는 조직을 어떻게 이끌어야 할까? **우선 실현 가능한 목표, 올바른 목표를 설정해야 한다.** 허황된 목표를 계획하고 있지는 않은지, 자신이 정한 목표가 다른 사람을 고통의 길로 가게 하는 것은 아닌지를 꼼꼼히 살펴야 한다. 관리자는 목표가 다수에게 유익하도록, 무조건적인 개인의 희생이 요구되지 않도록 주의해야 한다.

현재 관리자가 아닌 평범한 직위에 있더라도 관리자와 함께 고민해야 한다. 『아Q정전』의 주인공 아Q는 수많은 고통과 좌절을 겪어도, 아무리 모욕을 당해도 저항할 줄 모른다. 오히려 내적으로 소화해버리면서 자신의 정신적 승리라고 치부해 버린다. 당면한 문제를 해결하려 하지 않고, 실재와의 대면을 유예하거나 회피해 버리는 무기력한 모습으로 산다. 결국 아Q는 왜 죽어 가는지도 모르고 죽어 갔다.

조직에서 아Q 같은 조직원은 환영받지 못한다. **조직이 잘되기 위해서는 회피가 아니라 해결하려는 자세가 필요하다.** 관리자가 아니라고 해서 조직의 문제에 강 건너 불구경하듯 생활하면 조직은 발전하지 못하고, 결국 그것은 조직원 자신에게 피해로 돌아온다. 조직원으로서 문제 해결은 물론 불합리를 개선하려는 의지와 지혜도 발휘해야 한다.

우리는 누가 몰상식한 행동을 하면 열을 내거나 손가락질한다.

그런데 이때 '나도 저 사람처럼 행동을 하고 있지는 않은가?', '나도 저 모양으로 살아가고 있지는 않은가?' 이렇게 스스로를 살피는 사람이 얼마나 될까?

관리자든 조직원이든 가끔, 아니 수시로 스스로를 돌아볼 필요가 있다. 그러면서 조직의 발전을 위해 자신이 도움이 되고 있는지 해를 끼치고 있는지 냉정하게 평가해야 한다. 물론 개인적의 삶의 목표와 방향을 올바르게 설정해야 하는 것은 당연하다. **자신만의 욕심에 국한된 목표를 계획하지 않도록 하자. 자기중심의 기준을 세워 타인을 힘들게 하거나 희생을 강요하지 않도록 하자.** 관리자와 조직원 모두에게 해당되는 의무이다.

그러나 조직의 성패와 그 책임은 역시 관리자에게 더 크다. 책임을 지라고 '관리자'라는 타이틀을 부여한 것이다. 그러므로 관리자는 조직원보다 더더욱 솔선수범하고, 옳은 길을 걸어가야 할 것이다. 그러므로 이 땅의 관리자들을 위해 나는 10가지만 제안한다.

관리자가 지켜야 할 10가지 덕목

1. 깨끗하고 반듯한 사생활 유지하기

2. 의사 결정은 신중하게

3. 직무 지식에 정통하기

4. 다수의 다양한 의견을 수용할 수 있는 폭넓은 포용력

5. 짧고 간단명료하게 회의를 진행하는 능력

6. 공신력 있는 공용자금 운용하기

7. 공정한 보직, 승진, 인사관리

8. 공(功)은 부하에게, 책임은 나에게 돌리기

9. 따뜻하고 인간적인 휴머니즘

10. 부하직원과의 약속 철저하게 지키기

상사의 길은
쌍방통행

부하직원은 3일 만에 상사를 파악하지만, 상사는 3년이 지나도 부하직원을 파악하지 못한다고 한다. 그러므로 어쩌면 부하직원을 파악하려 애쓰기보다는 부하직원에게 존경받는 상사가 되기 위해 노력하는 것이 현명할지도 모른다. 직원이 상사를 존경하게 되면 직원 스스로 자발적으로 상사를 따른다. 잘 따르는 직원을 굳이 파악할 필요는 없을 것이다. 그렇다면 부하직원에게 존경받는 상사로 자리매김하려면 어떻게 해야 할까?

먼저 **불만이 많고 투덜거리는 직원을 꺼려해서는 안 된다.** 불평불만의 직원을 골칫거리나 요주의 인물로 보지 말고, 발전을 위한 자양분으로 삼아보자. 직원이 불만 사항이 있을 때는 그 내용과 대안을 포함한 문서로 제출하게 하거나, 계급장 떼고 허심탄회하게 문제를 논하는 대화를 시도해보자. 그래서 불평불만이 소득 없이 공허하게 사라지지 않게 건설적인 방향으로 진행해보자. 상사는 부하직원이 건전한 문제의식을 가지고 일하도록 분위기를 만들어줄 필요가 있다. 상극인 남자와 여자가 결합해 새 생명이 태어나듯 전혀 상반된 것이 만날 때 새로운 것이 창조된다. 혁신이 일어난다.

때로는 부하직원과 협상할 필요도 있다. 도무지 자기 뜻을 굽히지 않는 부하직원이 있다면 협상을 선택하는 것도 괜찮은 방법이다. 협상할 때는 우선 부하직원을 동등한 인격체로 여기는 마음부터 가져야 한다. 수직관계의 마음을 굳히고 있는 상태라면 협상은 어려워진다. 본격적인 협상에 들어서면 우선 부하직원의 요구 사항을 진지하게 듣는다. 그리고 상사의 요구도 분명하게 밝힌다. 서로의 요구 사항이 판이하게 다르다 해도 끈질기게 협상의 끈을 놓아서는 안 된다.

둘째, **사생활을 포기하게 하는 분위기를 만들어서는 안 된다.** 직장 업무와 개인 생활의 균형을 맞추는 것은 반드시 지켜져야 한다. 건강을 위한 치료나 육아를 위한 탄력근무 등 사생활을 잘 챙겨주고, 자기개발과 여가시간을 보장해줄 때 직원들은 직장에 애정을 갖게 되고, 정성을 다해서 일하게 된다. 사람은 일정한 소득이 보장되는 직장과 밀접한 관계를 맺으면서도 동시에 개인의 자유를 보장받고 싶어 하는 존재이기 때문이다.

셋째, **업무관련 기술과 노하우를 독점하거나, 좋은 아이디어를 혼자 고민하게 해서는 안 된다.** 정보와 지식을 독점하는 분위기는 발전적일 수 없다. 정보와 기술을 공유하는 협업 환경을 만들고, 디

지털 인프라를 효과적으로 활용하여 창의적인 산물이 나오도록 유도한다. 부하직원에게 부족한 면이 있다면 강하게 몰아붙이거나 따끔하게 꾸짖기보다는 질문할 기회와 변호할 기회를 주는 것이 좋다. 상사가 그런 분위기를 조성해주면 직원은 스스로 개선하려는 의욕을 가질 수 있다. 이 의욕은 좋은 성과로 나타나는 경우가 많다.

마지막으로 **귀를 닫지 않도록 한다.** 경청은 단순히 듣는 것 이상이다. 모든 직원은 독특한 각 개인이다. 즉 저마다의 사연을 가지고 있다. 그 사연을 주의 깊게 들어 주는 것은 매우 중요하다. 해소할 수 없는 애로사항 같은 경우 상사가 잘 들어만 주어도 긍정적으로 바뀔 가능성이 높다. 주의할 점은 부하직원의 이야기를 듣다가 조언을 한답시고 상사 혼자 북 치고 장구 쳐서는 안 된다. 상사는 자신의 입은 최대한 닫고, 상대방의 이야기를 진지하게 들어 주는 것이 좋다.

똑똑할수록, 잘 나갈수록, 올라갈수록 혼자만의 착각에 빠져 치명적인 결함을 유발시킬 수 있다. 외톨이가 되기도 쉽다. **자기를 돌아보고 주변의 이야기를 잘 들어 주는 현명함이 멋진 상사가 되는 길이다. 나와 상대의 가치를 높이고, 조직의 가치를 높일 수 있는 길은 일방통행이 아니라 쌍방통행이다.**

퇴사와 전직이
고민된다면

어렵게 입사한 회사를 그만둔다는 것은 매우 힘든 결정이다. 그런데 신입사원의 30% 이상이 1년 이내에 회사를 그만둔다고 한다. 기대했던 직장과 달라서, 나와 맞지 않아서, 상급자와 갈등이 심해서, 더 좋은 직장을 발견해서 등 그 이유는 다양하다.

그러나 중요한 것은 직장에 대한 불만이 생겨 홧김에 퇴사를 결정해서는 안 된다는 것이다. 어떤 이유이든 간에 준비 없이 갑자기 회사를 그만두면 대부분 후회로 이어진다는 것을 알았으면 한다.

퇴직과 전직은 최소 1년은 다녀보고 생각했으면 한다. 그 정도는 다녀봐야 회사에 대한 평가도 정확히 내릴 수 있고, 자신에게 적합한 직장인지 판단할 수 있다고 본다. 업무에 대한 전문성도 어느 정도 쌓을 수 있다. 적어도 다음을 위한 경험적 자산은 축적될 수 있을 것이다. 현실적으로도 1년은 다녀야 전직에 유리하다. 지망하는 회사에서 짧게 근무하고 그만둔 사람을 선호할 가망은 낮다. 오래 다니지 않고 또 다른 회사로 옮길 거라는 짐작이 가능하기 때문이다. 직원이 자주 들고 나는 것은 회사로서는 손실이다.

현재의 직장에서 최선을 다해보자. 그래도 정말 아니다 싶으면 그때 새로운 직장을 고민했으면 한다. **퇴직이 '나'에게는 도피와 회피가 아닌, 적합성과 발전을 위한 길인지 냉정하게 판단해야 한다.** 냉정한 판단 끝에 전직의 결심이 섰다면 새로운 직장에 대해 치밀하게 잘 준비하자. 그리고 **자신과 동료, 회사를 고려해서 아름답게 마무리 되도록 힘쓰자.** 현 직장에서의 업무와 인간관계를 잘 정리하는 것이 우선이며, 새로운 직장에 대해 꼼꼼히 준비하는 것은 그다음이다. 마무리가 아름답지 못한 사람이 새 출발을 아름답게 하기는 힘들다. 퇴직이 결정되면 현 직장에서 오해가 생기지 않도록 조심스럽게 통보하고, 자신과 연관된 업무에 공백이 생기지 않도록 후임에게 잘 인계하여 업무 공백을 최소화하도록 노력했으면 한다.

특히 인간관계의 정리는 중요하다. 돌고 돌아 만나는 것이 세상살이다. 직장생활을 하면서 갈등과 골이 있었다면 퇴직 전에 반드시 관계 회복을 했으면 한다. 퇴직 후에도 이전 동료들과 좋은 관계를 계속 유지한다면 더할 나위 없이 좋다.

새로운 직장을 구할 때는 **현 직장에서 경험한 것을 바탕으로 자신의 능력을 잘 발휘할 수 있는, 업무적 연계성을 가진 직장을 선택했으면 한다.** 보수가 다소 낮더라도, 정규직이 아니더라도, 미래의 성장 가능성과 자신에게 적합한 직종을 선택하는 것이 좋겠다. 그러기 위해서는 자신의 실력을 꾸준히 갈고닦아야 한다. 만약 자영업이나 창업을 하고 싶다면 우선 유사직종에서 일정 기간 경험을 쌓기를 권한다. 이후 자신의 적성과 자본 능력과 사무환경 등을 꼼꼼히 체크 하는 등 치밀하게 준비해서 진행하길 바란다.

성인이라면 모든 행동에 책임을 져야 한다. **퇴직과 전직을 생각한다면 깊이 고민해보고 결정하길 바란다. 모든 책임은 자신에게 있다. 무엇보다 가장 중요한 것은 자신이 좋아하는 일을 찾아 행복해지는 방향으로 결정하는 것이다.** 이것만은 꼭 기억하기 바란다.

사랑하는 딸 채린과 민채.
험난한 세상과 한없는 싸움을 벌이며
이 세상을 살아가야 할 딸들에게
아버지가 삶을 통해 얻은 작은 지혜를 남긴다.

'나의 가치보다 더 많은 가치를 만들며 살아가자.'
'소나기에 옷이 젖을 수 있지만
그래도 한번 나가보자.'
'사랑하고 사랑받으며 살아가자.'
'life is too beautiful.'

한 해를 살아내는 것이 그리 녹녹치 만은 않다. 누구나 많은 짐
을 지고 저마다의 무게를 감당하며 살아가고 있다. 그런데 그중에
는 능력 있는 사람도 많고, 배울 만한 인격을 가진 사람도 많다. 그
래서인지 나보다 조금만 더 나은 점이 보이는 사람에게 자연히 고

개를 숙이며 겸손하게 되는 것 같다.

같은 이유로, 이 책을 쓰면서 줄곧 나의 작은 경험과 생각을 여러 사람 앞에 내어놓는다는 것이 적잖은 부담으로 느껴졌다. 50년을 살아왔지만, 아직 부족한 점이 많다. 쉰이란 나이가 무슨 벼슬도 아니다. 앞으로도 결코 짧지 않은 삶을 살아가야 하며, 그러면서 더 배워야 한다. 그럼에도 이 책을 내놓는 것은 내 자신에게 좀 더 확실한 모습을 보여주고 싶어서다. 내 삶을 주도적으로 살아가고 싶고, 후회와 아쉬움이 덜한 삶을 살아가고 싶은 것이 그 이유다.

무엇보다 사랑하는 우리 딸들을 그냥 두고만 볼 수 없었다. 이 험난한 세상과 한없는 싸움을 벌이며 살아가야 한다는 생각을 하니 아버지로서 손 놓고 있을 수가 없었다. 하지만 나는 능력이 없었다. 아버지로서 세상을 살아오면서 얻은 작은 지혜를 전해주는 것, 그것이 내가 줄 수 있는 전부였다.

시대가 바뀌면 많은 것이 바뀐다. 그러나 따지고 보면 사람의 삶은 사실 거기서 거기다. 예나 지금이나 별반 다를 것이 없다. 사람은 상식대로 살아가면 되기 때문이다. 그래서 상식대로 살아가자는 아버지의 작은 욕심을 전해주고 싶었다. 잔소리가 아닌, 책으로 전해주고 싶었다.

딸들이 부족한 아빠의 마음을 알아주기를 바란다. 그리고 세상을 지혜롭게 살아가기를 기도한다. 사람들로부터 사랑받으며 행복하게 살아가기를 아빠로서 꿈꾼다.

이 세상을 살아오면서 많은 기도와 성원을 해주신 모든 분들께 이 책을 통해 감사의 인사를 드린다. 특히 이 책이 나오기까지 기도와 성원을 아끼지 않은 나의 사랑하는 아내 이잠숙 씨, 그리고 새롭게 창업하여 열심히 뛰고 있는 채린 씨, 멋진 내일을 위해 성실하게 달려가는 예비 웹툰작가 민채 씨에게 깊은 고마움을 전한다.

그리고 이 책이 나올 수 있도록 많은 조언과 격려를 아끼지 않으셨던 바이북스 출판사 관계자 여러분들께 감사의 마음을 전한다.

무엇보다 나에게 새로운 삶을 주시고, 사랑과 소망으로 세상을 살아갈 수 있도록 이끌어 주시는 하나님께 모든 영광을 돌린다.

딸아,
당당하고
지혜롭게
살아라

초판 1쇄 인쇄 _ 2020년 9월 5일
초판 1쇄 발행 _ 2020년 9월 10일

지은이 _ 안병수

펴낸곳 _ 바이북스
펴낸이 _ 윤옥초
책임편집 _ 김태윤
책임디자인 _ 이민영

ISBN _ 979-11-5877-191-1 03190

등록 _ 2005. 7. 12 | 제 313-2005-000148호

서울시 영등포구 선유로49길 23 아이에스비즈타워2차 1005호
편집 02)333-0812 | 마케팅 02)333-9918 | 팩스 02)333-9960
이메일 postmaster@bybooks.co.kr
홈페이지 www.bybooks.co.kr

책값은 뒤표지에 있습니다.

책으로 아름다운 세상을 만듭니다. — 바이북스

미래를 함께 꿈꿀 작가님의 참신한 아이디어나 원고를 기다립니다.
이메일로 접수한 원고는 검토 후 연락드리겠습니다.